코드 한 줄 없이 OK!

구글 티처블 머신 & 스크래치로 누구나 만든다!

첫 인공지능

보통 사람이 알아야 할 **인공지능 기초!**

이애리 지음

이지스 퍼블리싱

Do it! 첫 인공지능 — 보통 사람이 알아야 할 인공지능 기초!

초판 발행 • 2022년 4월 1일
초판 2쇄 • 2024년 11월 19일

지은이 • 이애리
펴낸이 • 이지연
펴낸곳 • 이지스퍼블리싱(주)
출판사 등록번호 • 제313-2010-123호
주소 • 서울특별시 마포구 잔다리로 109 이지스빌딩 3층(우편번호 04003)
대표전화 • 02-325-1722 | 팩스 • 02-326-1723
홈페이지 • www.easyspub.co.kr | 페이스북 • www.facebook.com/easyspub
Do it! 스터디룸 카페 • cafe.naver.com/doitstudyroom | 인스타그램 • instagram.com/easyspub_it

총괄 • 최윤미 | 기획 및 책임 편집 • 박현규, 이희영, 이수경 | 교정교열 • 박명희
표지 및 본문 디자인 • 트인글터 | 삽화 • 김학수 | 인쇄 • 보광문화사
마케팅 • 권정하 | 독자지원 • 박애림, 김수경 | 영업 및 교재 문의 • 이주동, 김요한(support@easyspub.co.kr)

ISBN 979-11-6303-343-1 13000
가격 13,000원

인공지능이 무엇인지, 머신러닝이 무엇인지 직접 체험하며 느낄 수 있어요!

이 책은 '인공지능', '머신러닝'이라는 단어는 들어 봤지만 막연하게 느끼는 사람들을 위해 만들었습니다. 지금까지 학생들을 가르치면서 '인공지능은 도대체 무엇인가요?', '인공지능으로 제가 당장 할 수 있는 건 무엇인가요?'라는 질문을 많이 받았습니다. 그때 꼭 알려 주고 싶었던 지식과 경험을 한 권의 책에 담으려고 노력했습니다.

인공지능은 공부할 범위가 무척 넓은 분야입니다. 이 책은 그중에서도 '머신러닝'을 중심으로 인공지능의 동작 원리와 개념, 용어를 살펴봅니다. 복잡하거나 어려운 개념은 '라면 끓이기', '음료수 자판기', '아기 돌보기'와 같은 일상의 비유를 들어 설명했습니다. 주변에서 볼 수 있는 인공지능 적용 사례와 머신러닝에 필요한 데이터의 중요성, 알고리즘 등을 다뤄 이 책으로 기초 공부를 마치고 나면 여러분의 시야가 훨씬 넓어질 것입니다.

그리고 직접 체험하며 배울 수 있도록 '가위, 바위, 보 인식 모델', '엄마, 아빠, 할머니 음성 인식 모델' 등과 같은 실습을 마련했습니다. 초등학생부터 성인에 이르기까지 누구나 부담없이 읽고 따라 할 수 있을 정도로 쉽게 구성했습니다. 인공지능 모델을 만들다 보면 여러분도 서서히 머신러닝 세계에 스며들 것입니다.

이 책을 통해 학생들은 머신러닝에 흥미를 느끼고 '5분 생각하기' 코너에서는 생각을 확장할 수 있습니다. 학부모는 인공지능을 폭넓게 이해하고 교육의 필요성을 공감해 자녀들이 무엇을 배우는지 알 수 있습니다. 선생님은 학생들에게 들려줄 이야깃거리를 발견할 수 있을 것입니다.

이 책이 독자 여러분의 호기심을 자극해 인공지능을 더 궁금하게 만드는 마중물이 되었으면 좋겠습니다.

- 엘리 쌤, 이애리

인공지능 입문자를 위한 안내서!
코드 한 줄 없이 내 손으로 만드는 인공지능

코딩? 파이썬? 딥러닝? 전혀 몰라도 OK!
일반인도 직장인도 나만의 인공지능을 바로 만들 수 있어요

《Do it! 첫 인공지능》은 코딩 개념을 몰라도, 파이썬을 몰라도, 인공지능 수학을 몰라도 '나만의 인공지능'을 만들 수 있게 알려 줍니다. 어떻게 그럴 수 있냐고요? 입문자가 쉽게 이해할 수 있도록 그림과 말랑말랑한 비유로 설명하는 '이론 단계'에서 인공지능의 기초를 공부한 다음, 티처블 머신과 같은 쉬운 머신러닝 도구를 활용해 프로젝트를 만들어 보면서 '실전 단계'까지 끝낼 수 있도록 구성했기 때문이죠. 또한 인공지능 개발자가 되려면 반드시 알아야 할 '인공지능 윤리'까지 정리해 두었어요.

읽기만 하면 인공지능 개념이 머리에 쏙!
유튜브 알고리즘으로 이해하고 물고기 분류 게임으로 익힌다!

인공지능이 낯설고 멀게 느껴지나요? 그렇다면 먼저 인공지능을 알아가는 시간이 필요하겠네요. 이 책은 입문자의 눈높이에서 인공지능을 찬찬히 살펴보고 구체적인 예를 들어 설명합니다. 유튜브의 추천 알고리즘, 챗봇, 스마트 스피커 등 일상 속의 인공지능을 찾아본 뒤 '라면 끓이기'와 같은 상상하기 쉬운 예를 통해 '인공지능 알고리즘'을 알아봅니다. 그리고 '물고기 분류하기 게임'으로 인공지능이 학습하는 대표 방식 3가지를 살펴보고, 인공지능이 학습할 때 꼭 필요한 '데이터의 중요성'까지 공부하죠. 이렇게 공부하면 인공지능과 한결 가까워진 느낌이 들 거예요.

따라만 하면 척척!
카메라로 찍고, 마이크로 녹음하면서 나만의 인공지능을 만들자!

'티처블 머신'이라는 구글의 머신러닝 제작 도구를 알고 있나요? 이 도구를 사용하면 코드 한 줄 쓰지 않아도, 복잡한 프로그래밍 언어를 공부하지 않고도 인공지능을 뚝딱 만들 수 있습니다. 이 책은 티처블 머신에서 카메라로 사물을 인식하여 가위, 바위, 보를 구분하는 '이미지 프로젝트', 마이크로 소리를 인식하여 엄마, 아빠, 할머니를 구분하는 '사운드 프로젝트' 그리고 동작을 인식하는 '포즈 프로젝트'를 만들어 봅니다. 또, 이렇게 완성한 인공지능 모델은 인터넷에 공유할 수 있습니다. 나만의 인공지능을 만들어 친구에게 자랑해 보세요!

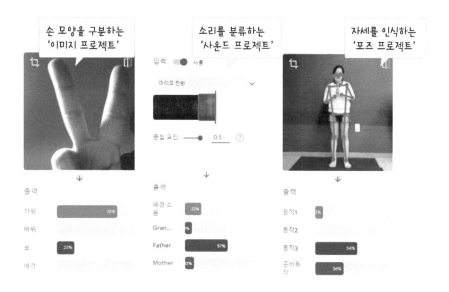

코드 한 줄 없이 만들 수 있다!
스크래치와 마이크로비트로 만드는 표정 인식기

티처블 머신으로 인공지능 모델을 완성할 수 있습니다. 하지만 이것으로는 좀 부족하죠! 이제 인공지능을 현실로 불러올 차례입니다. 바로 '스크래치'와 '마이크로비트'를 이용해서요! 인공지능 모델과 마이크로비트를 스크래치로 연결해 표정 인식기를 만들어 그날그날 자신의 기분을 표정 이모지로 만들 수 있도록 친절히 안내합니다. 손에 잡히는 인공지능을 완성해 보세요.

'궁금해요!'와 '5분 생각하기' 코너로 더 알차게!
인공지능과 함께하는 모습을 그려 보세요!

이 책을 읽다 보면 더 알고 싶은 내용도 생기고, 인공지능과 함께 살아가는 현재를 이해하고 미래 모습이 궁금해질 거예요. 그럴 때는 책 곳곳에 배치한 '궁금해요!'와 '5분 생각하기'를 꼭 읽어 보세요. '궁금해요!'로 인공지능을 더 깊게 이해할 수 있고, '5분 생각하기'로 인공지능과 함께하는 삶을 상상해 볼 수 있을 거예요. 인공지능이 막연히 멀리 있는 미래 기술이 아닌, 우리 생활을 편리하게 돕는 기술이라는 걸, 또 그 인공지능을 내 손으로 만들 수 있다는 걸 느껴 보기 바랍니다.

연중무휴 24시간 열려 있는 스터디룸, 'Do it 스터디룸'에서 함께 공부해요!

'Do it 스터디룸'에서 함께 공부하는 동료들을 만나 보세요. 혼자 시작해도 함께 끝낼 수 있어요. 공부만 해도 책을 선물로 받는 '두잇 공부단', 미션도 수행하고 학습도 하는 '된다스!' 등 다양한 이벤트도 놓치지 말고 참여하세요.

Do it 스터디룸: cafe.naver.com/doitstudyroom

인공지능, 너의 정체는 뭐니?

02
인공지능을 만드는 데이터

03
알고리즘이 궁금해

이걸 어떤 알고리즘으로 정리하지?

04

**티처블 머신으로
인공지능 만들기**

인공이에게
새로운 프로그램을
연결해야지…

삐빅—
삐빅—
삐빅

탁
탁
탁

혼자 공부해도 충분하고
교재로도 훌륭해요!

7회 목표를 세우고 '인공지능을 이해하는 사람'이 되세요!

기초 프로그래밍을 가르치는 선생님들에게 추천합니다!

이론 실습 심화

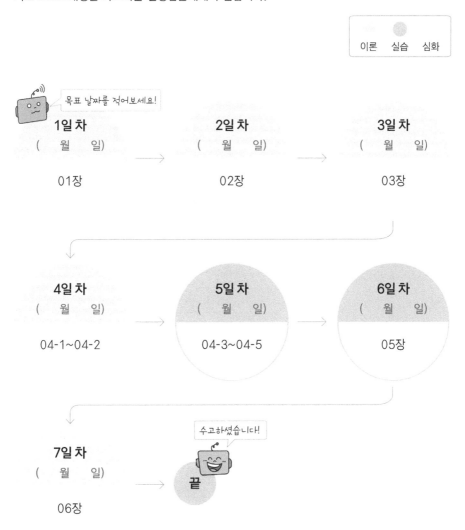

목표 날짜를 적어보세요!

1일 차
(월   일)

01장

2일 차
(월   일)

02장

3일 차
(월   일)

03장

4일 차
(월   일)

04-1~04-2

5일 차
(월   일)

04-3~04-5

6일 차
(월   일)

05장

7일 차
(월   일)

06장

수고하셨습니다!

끝

코딩 & 컴퓨터 기본 개념 사전

이 책을 읽으면 인공지능과 관련된
용어와 개념을 단계별로 이해할 수 있어요.

01

인공지능과
친해지기

인공지능, 딥러닝, 머신러닝,
서버, 인공 신경망,
심층 신경망

02 03

인공지능으로
해결할 문제 발견하기

데이터, 빅데이터, 알고리즘,
기계 학습, 프로그래밍,
데이터 마이닝, 순서도

04

티처블 머신이면
나도 인공지능 만들 수 있다!

티처블 머신, 머신러닝 모델,
학습률, 손실, 배치 크기,
에포크

05

스크래치 & 마이크로비트로
인공지능 완성!

마이크로비트, 피지컬 컴퓨팅,
스크래치, 블록 코딩,
Stretch

06

함께 가려면 필수!
인공지능 윤리

FaceSwap, 가짜 뉴스,
아실로마 AI 원칙, 모럴 머신,
편향

인공지능,
너의 정체는 뭐니?

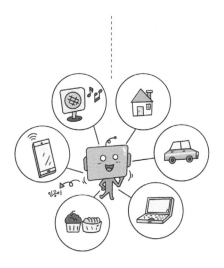

이제 인공지능은 우리 삶 깊숙한 곳까지 들어왔습니다. 글자를 모르면 문맹, 컴퓨터를 못 다루면 컴맹이라고 했는데요. 이제 인공지능을 모르면 '21세기형 문맹'이라고 합니다. 도대체 인공지능이 무엇이길래요?

이 장의
목표

- 인공지능이 무엇인지 알 수 있어요.
- 인공지능이 우리 생활 속에서 어떤 역할을 해왔는지 알 수 있어요.
- 앞으로 인공지능이 우리 삶에 미칠 영향을 예측할 수 있어요.

단어장   인공지능, 약인공지능, 강인공지능, 초인공지능, 튜링 테스트, 머신러닝, 딥러닝, 추천 서비스, 인공지능 스피커, 챗봇, 자율주행차, 가상 인간

01-1

인공지능이 뭐지?

여러분은 '지능'이 뭐라고 생각하나요? 사전의 정의에 따르면 지능은 새로운 사물 현상에 부딪혀 그 의미를 이해하고 처리하는 방법을 알아내는 지적 활동의 능력을 뜻합니다. 즉, 문제를 파악하고 어떻게 해결해야 할지 판단하는 능력을 지능이라고 합니다. 물론 문제를 해결하는 능력만 의미하는 것은 아닙니다. 가치가 있는 것을 만드는 능력도 지능입니다.

사람들은 꽤 오랫동안 지능 지수IQ, intelligence quotient를 활용해 지능을 측정해 왔는데요. 지능 지수 검사는 언어와 수리 능력만으로 지능을 측정합니다. 지능을 더 세분화한 경우도 있습니다. 하버드 대학교의 교육심리 학자 하워드 가드너Howard Gardner 교수는 다중 지능 이론을 제시했습니다. 인간의 지능에는 여러 가지가 존재한다는 이론이죠. 언어 지능, 논리 수학 지능 외에도 공간 지능, 신체 운동 지능, 음악 지능, 대인 관계 지능, 자기 이해 지능, 자연 탐구 지능과 같은 여러 지능이 있다는 거죠.

이러한 지능은 우리 뇌와 밀접한 관계가 있습니다. 우리 뇌의 전두엽, 측두엽, 후두엽 안에서 어떻게 지능이 만들어지는지 아직 완벽히 밝혀내지는 못했지만 인간의 뇌를 모방하여 인공적인 지능을 만들어 내려는 노력은 지금도 계속되고 있습니다.

인공지능이란?

인공지능이라고 하면 많은 사람이 영화에 나오는 인공지능 로봇을 떠올립니다. 〈터미네이터〉나 〈바이센테니얼 맨〉에 나오는 로봇처럼요. 로봇이라는 용어는 체코슬로바키아의 극작가인 카렐 차페크Karel Capek가 쓴 희곡에서 'robota'라는 단어로 처음 등장했습니다. 체코어로 고된 일, 강제 노동이라는 뜻이죠. 로봇은 프로그램으로 동작하는 복잡한 일련의 작업을 자동으로 수행하는 기계 장치를 말합니다. 하지만 모든 로봇이 인공지능을 가지고 있는 건 아닙니다. 그렇다면 인공지능AI, artificial intelligence은 무엇일까요?

인공지능의 '인공人工, artificial'은 '자연自然, natural'과 대비되는 단어로, 저절로 생겨난 것이 아니라 사람이 만든 지능이란 뜻이죠. 사실 인공지능에 대한 정의는 계속 달라지고 있습니다. 예전에는 인공지능이라고 했지만 지금은 그냥 기계적인 동작이라고 생각하는 것들도 있습니다. 예를 들면, 천문학적인 수를 계산하는 계산기가 더 이상 신기하지 않은 것처럼 말이죠. 그럼에도 무언가를 정의한다는 건 중심을 잡는 것과 같은 역할을 합니다. 따라서 우리는 앞으로 인공지능을 '인간이 가진 지적 능력을 컴퓨터로 구현하는 기술'이라고 정의하고 시작하겠습니다.

나도 한때는 '인공지능'이었는데…

인공지능과 딥러닝 그리고 머신러닝

인공지능은 뿌리가 깊고 넓은 개념입니다. 초기에는 단순히 규칙에 따라 작업을 수행하는 것도 인공지능이라고 불렀습니다. 사람의 지능을 모방해서 사람이 하는 것과 같이 복잡한 일을 할 수 있는 기계를 만드는 것이 인공지능입니다. 인공지능을 구현하는 여러 가지 방법 중 머신러닝은 말 그대로 기계가 학습한다는 개념입니다. 예를 들어 스팸 메일과 정상 메일 데이터를 가지고 학습해 스팸 메일을 분류해 낼 수 있는 것이 머신러닝입니다.

딥러닝은 인간의 뇌를 모방해 뉴런을 구성하고 뉴런과 뉴런을 연결해 신호가 전달되도록 수학적으로 모델링한 것입니다. 출력 신호가 다음 뉴런층으로 입력될 수 있도록 여러 층으로 구성하여 학습시키는 것이 딥러닝입니다. 그래서 더 복잡한 학습을 할 수 있습니다.

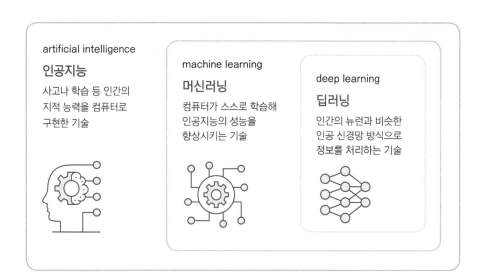

artificial intelligence
인공지능
사고나 학습 등 인간의 지적 능력을 컴퓨터로 구현한 기술

machine learning
머신러닝
컴퓨터가 스스로 학습해 인공지능의 성능을 향상시키는 기술

deep learning
딥러닝
인간의 뉴런과 비슷한 인공 신경망 방식으로 정보를 처리하는 기술

인공지능의 단계

인공지능은 발전 단계에 따라 약인공지능(weak AI), 강인공지능(strong AI) 그리고 초인공지능(super AI)으로 나눌 수 있습니다. 약인공지능은 인간이 정한 범위 내에서 동작하는 인공지능을 말합니다. 강인공지능은 모든 영역에서 실제 인간처럼 사고하고 행동하는 인공지능을 말하며, 초인공지능은 모든 영역에서 인간의 능력을 뛰어넘는 인공지능을 말합니다. 현재 우리가 접하는 인공지능은 대부분 약인공지능에 머물러 있습니다. 바둑의 최강자라 불리던 이세돌 9단과의 대결에서 승리해 전 세계를 놀라게 한 알파고도 사실 약인공지능에 불과합니다.

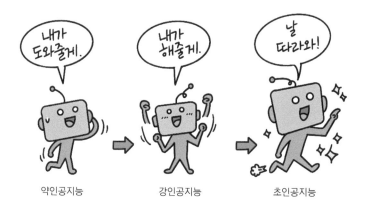

약인공지능   강인공지능   초인공지능

많은 기업이 약인공지능으로 업무를 자동화해 효율을 높이고 있습니다. 어떤 일은 인공지능이 인간보다 더 잘 해내기도 하죠. 우리 일상에서 흔히 도움을 받고 있는 인공지능도 약인공지능입니다. 가령 AI 스피커, 유튜브와 넷플릭스의 추천 알고리즘, 음성을 글자로 또는 글자를 이미지로 변환하는 프로그램, 고객의 질문에 대답하거나 간단한 상담을 진행하는 챗봇 등 이 모든 게 약인공지능입니다.

반면 강인공지능은 하나의 생명체라고 봐도 좋을 정도의 지적 능력을 가지고 있습니다. 영화에서 보던 스스로 생각하고 판단하고 행동하는 로봇이 가진 인공지능이 바로 강인공지능에 속하죠.

"당신을 이해하고 귀 기울여 주며 알아주는 하나의 존재"

영화 〈그녀Her〉

영화 〈엑스 마키나〉

영화 〈그녀Her〉에서 하루하루 외롭게 살아가던 주인공 '테오도르'는 인공지능 운영체제인 '사만다'를 만나 매일 대화를 나누는데요. 마치 나보다 나를 더 잘 아는 것만 같은 그녀의 목소리를 들으며 테오도르는 점차 사랑에 빠집니다. 인공지능 사만다는 영화 속 조연이 아니라 감정을 가진 인격체로 등장하여 인간보다 더 인간적인 역할을 하며 영화를 이끌어 갑니다. 영화 〈엑스 마키나〉에도 인공지능이 나옵니다. 고대 그리스어인 'Deus Ex-Machina(기계를 타고 온 신)'에서 제목을 따온 이 영화 역시 사람의 감정까지 조종하는 인공지능 로봇 '에이바'가 등장하죠.

사실 이런 수준의 인공지능은 아직 현실에 존재하지 않습니다. 인공지능 스피커도 사람의 감정을 정확히 읽는다든가, 우리를 조종하지는 못합니다. 우리가 막연히 생각하는 인간 같은 로봇, 즉 강인공지능을 현실화하려면 아주 오랜 시간이 필요합니다. 어쩌면 등장하지 않을 거라고 예측하는 사람도 있죠. 그렇다면 초인공지능은 더욱 먼 이야기일 수도 있겠네요.

우리가 기대하는 인공지능

2004년에 개봉한 〈아이, 로봇〉은 아이작 아시모프의 소설 〈아이, 로봇〉과 제트 빈타의 각본으로 탄생한 미래의 인공지능을 그린 영화입니다. 이 영화 속 로봇들은 다음 '로봇 3원칙'을 따릅니다.

영화 〈아이, 로봇〉

법칙 1. 로봇은 인간을 다치게 해선 안 되며, 인간이 다치도록 방관해서도 안 된다.
법칙 2. 법칙 1에 위배되지 않는 한 로봇은 인간의 명령에 복종해야 한다.
법칙 3. 법칙 1, 2에 위배되지 않는 한 로봇은 자신을 스스로 보호해야 한다.

그러나 로봇이 이 원칙을 인간과 다르게 해석하면서 문제가 발생합니다. 로봇이 인간을 보호하기 위해 인간을 통제하기 시작하죠. 그리고 이는 인간이 원하는 로봇의 모습이 아니었기에 갈등이 고조됩니다.

그렇다면 우리가 기대하는 인공지능의 모습은 어떤 걸까요? 아마도 우리를 위협하지 않으면서, 필요로 하는 것을 알아서 준비해 주고 해결해 주는, 즉 공감 능력을 갖춘 만능 집사 같은 존재는 아닐까요?

2019년, 법률 튜링 테스트인 제1회 알파로^{Alphalaw} 경진 대회가 열렸습니다. 이 대회에는 12개 팀이 출전했습니다. 9개 팀은 인간 변호사 2명으로 구성되었고, 나머지 3개 팀은 인간 변호사 1명과 인텔리콘 연구소가 개발한 법률 AI인 C.I.A가 팀을 이루었습니다. 각 팀은 근로 계약서를 검토하고 자문하는 경쟁을 했습니다. 그리고 여기서 1, 2, 3위는 모두 C.I.A와 인간이 짝을 이룬 팀이 차지했습니다. 물론 C.I.A는 판결할 능력까지는 없었습니다. 그러나 유용한 자료를 빠르게 검색하고 인간에게 제안하는 방식으로 협업해 좋은 결과를 낼 수 있었죠.

법률뿐만 아니라 의료 분야에서도 인공지능은 인간을 돕는 역할을 톡톡히 해냈습니다. 의료 인공지능인 IBM의 '왓슨' 역시 환자를 진단하거나 치료법을 결정하지는 않습니다. 하지만 왓슨은 환자의 의료 기록을 분석해서 치료법을 추천해 줍니다. 그리고 그 치료법이 얼마나 효과가 있을지 확률적으로 제시해 인간 의사가 더 빠르고 정확하게 환자를 치료하도록 돕습니다.

인공지능과 협업해 인간의 삶을 더 편안하고 풍요롭게 만들려면 또 어떤 분야와 협업해야 할까요?

01-2

인공지능의 역사

인공지능의 등장

인공지능이 사람들의 관심을 끈 것은 알파고의 등장 덕분이었습니다. 이전
까지 인공지능은 영화 속에서나 보던 로봇이 가진 것에 불과했죠. 하지만 인
공지능의 역사는 1940년까지 거슬러 올라갑니다. 1943년 워런 매컬러^{Warren}
McCulloch와 월터 피츠^{Walter Pitts}는 인간의 뇌를 닮은 기계 회로인 매컬러-피츠 모
델McCulloch-Pitts model을 발표합니다. 0과 1로 이루어진 단순한 2진법 논리 모델
이었으나 이들을 서로 연결하면 복잡한 계산을 수행할 수 있는 신경 시스템의
기초를 마련한 것입니다. 이 모델을 기반으로 1957년 프랭크 로젠블라트^{Frank}
Rosenblatt는 퍼셉트론^{perceptron}이라는 인공 신경망 구조를 제안합니다(인공 신경
망과 퍼셉트론에 관한 내용은 3장을 참고해 주세요).

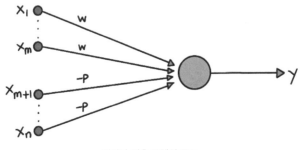

매컬러-피츠 모델의 구조

이후 1950년 영국의 수학자이자 논리학자인 앨런 튜링Alan Turing은 "기계도 생각할 수 있을까?"라는 의문을 가졌고 기계가 인간처럼 생각할 수 있는지를 판별하는 튜링 테스트를 고안했습니다. 격리된 기계와 사람이 모두 자기가 사람이라고 주장할 때, 제삼자가 둘 중 어느 쪽이 사람인지 구별할 수 없다면 기계는 인간 수준의 사고 능력을 갖췄다고 판단하는 것입니다. 이 튜링 테스트가 인공지능 발전의 길잡이 역할을 하게 되었죠. 그리고 이때까지 인공지능이라는 용어는 사용하지 않았습니다.

'인공지능'이라는 용어가 처음 등장한 것은 1956년, '다트머스 회의'에서였습니다. 당시 다트머스 대학교의 교수였던 존 매카시John McCarthy는 인간과 같은 지능을 가진 기계를 만드는 과학과 공학을 인공지능이라고 정의했습니다. 당시 인공지능은 '인간의 명령대로 잘 동작하는 기계' 정도에 불과했지만 20년 안에 완전한 지능을 갖춘 기계가 탄생할 것이라고 낙관했습니다.

그러나 인공지능에 대한 열기는 금세 얼어붙고 맙니다. 낙관적인 기대에 비해 성과가 없었기 때문입니다. 컴퓨터 성능이 따라와 주지 못한 것도 이유 중 하나였습니다. 이 시기를 가리켜 많은 학자가 첫 번째 인공지능의 겨울AI winter이라고 부릅니다.

두 번째 겨울, 그리고 지금의 인공지능이 되기까지

1980년대 이후 미국 경기가 부양되면서 '전문가 시스템'이라는 인공지능 프로그램이 개발되고 인공지능은 다시 봄을 맞이합니다. 바로 이때 인공 신경망 모델 연구가 활발히 이루어졌습니다. 또한 통계학이나 최적화 방법 등 다양한 연구가 발전하며 인공지능의 이론적 토대를 갖추게 되었죠. 그러나 이마저 오래가지 못하고 세계 경제의 불황으로 연구 자금이 끊기면서 다시 두 번째 겨울을 맞습니다.

그러다 1990년대 중반 이후 컴퓨터의 성능이 좋아지고 인터넷이 확산되면서 인공지능 연구는 다시 활기를 띱니다. 2000년대 들어 데이터를 대량 이용한 머신러닝이 활발하게 연구되었고 2011년 IBM의 DeepQA 프로젝트로 개발된 인공지능 컴퓨터 왓슨은 〈제퍼디 퀴즈 쇼〉에 나가 인간 챔피언들을 물리치고 우승하기도 했습니다.

당시 왓슨의 우승이 더욱 화제가 된 이유는 말장난, 반어법, 유머 등 인간만이 할 수 있을 거라 여겼던 언어의 미묘한 차이와 뉘앙스를 파악하는 것처럼 보였기 때문입니다.

〈제퍼디 퀴즈 쇼〉에 출연한 IBM의 왓슨
(출처: 위키피디아)

이후 컴퓨터 하드웨어와 성능 좋은 학습 알고리즘이 눈에 띄게 발전하여 딥러닝deep learning 모델을 구축할 수 있었습니다. 2012년에는 100만 개가 넘는 이미지 데이터를 학습해서 1천여 개의 카테고리로 분류해 내는 이미지넷ImageNet 대회에 출전한 알렉스넷AlexNet이 이미지 인식률을 74%에서 10%나 높인 기록을 세우며 세상을 놀라게 했습니다. 이후 딥러닝 알고리즘을 사용하면서 2015년에는 사람의 정확도라고 알려진 5% 오류율을 넘어섰고, 2017년에는 사람보다 이미지를 더 잘 인식하게 되었습니다.

이후 인공지능은 지금까지 꾸준하게 발전해 왔습니다. 추론·탐색의 시대, 지식의 시대를 거쳐 제3차 붐인 머신러닝·딥러닝의 시대가 도래했습니다.

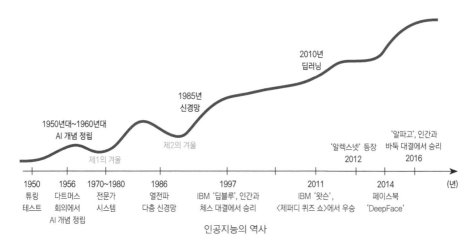

인공지능의 역사

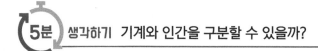

로봇 공학자 데니스 홍은 '진정한 의미의 로봇은 외부에서 정보를 받아들이는 감각 (sense), 그 정보를 가지고 판단하는 능력(plan), 그리고 판단에 따라 물리적으로 움직이는 행위(act) 이 3가지를 갖춰야 한다'라고 합니다. 로봇이 '판단'을 한다고 해서 지능을 가진 걸까요?

영국의 수학자 앨런 튜링Alan Turing은 과연 기계가 인간처럼 생각할 수 있을지 궁금했습니다. 하지만 '생각한다'는 것이 무엇을 의미하는지 정의하기도 쉽지 않았죠. 우리가 인공지능을 이야기할 때 '지능'이란 무엇인가 정의하기가 쉽지 않았던 것처럼요.

AI의 아버지 앨런 튜링과 암호 기계

그는 인간이 기계와 대화할 때 상대가 기계라는 것을 얼마나 눈치채지 못하느냐 하는 것으로 인공지능의 성능을 측정하기로 합니다. 인간이 컴퓨터와 대화한다는 것을 눈치채지 못하면 그 기계는 '생각한다, 지능을 가지고 있다'고 판단하는 거죠. 이것이 바로 튜링 테스트입니다.

튜링 테스트가 처음 제안된 1950년 이후 꽤 많은 시간이 흐르도록 이 테스트를 완벽하게 통과한 기계는 없었습니다.

그러다 2014년 6월, 인공지능 채팅 프로그램인 '유진 구스트만'이 64년 만에 처음으로 튜링 테스트를 통과했다고 발표했습니다. 하지만 미심쩍은 지점이 있었습니다. 유진 구스트만은 13살의 우크라이나 소년으로 설정되어 있습니다. 엉뚱한 대답을 하거나 영어 문법이 틀려도 '언어와 문화가 다른 곳에 거주하는 어린아이'라는 설정으로 얼버무릴 수 있다는 거죠. 과장되었다는 의혹과 비판을 받았습니다.

채팅 프로그램 '유진 구스트만'

결국 튜링 테스트는 컴퓨터가 인간의 대화를 어느 정도 모방할 수 있느냐를 보는 것이기 때문에 여전히 모든 심사위원을 완벽히 속여 넘긴 인공지능은 등장하지 않은 셈입니다. 그렇다면 마치 인간과 같이 대화한다는 것은 무엇일까요?

01-3

생활 속의 인공지능

추천 서비스

우리가 가장 자주 만나는 인공지능이 있다면 아마 추천 서비스일 거예요. 추천 서비스는 사용자가 검색하기도 전에 사용자 맞춤 상품을 제공하고 기업 입장에선 구매할 확률이 높은 소비자를 찾아 주는 시스템입니다.

유튜브에서는 사용자가 좋아할 만한 영상을 추천해 주고, 페이스북에서는 알 만한 사람을 추천해 줍니다. 온라인 서점에서는 구입할 만한 책을 추천해 주죠. 심지어 웹 브라우저를 열면 최근 방문한 사이트와 연관된 상품이 광고로 뜨기도 하죠. 이를 가리켜 개인 맞춤형 추천 알고리즘이라 부르기도 합니다.

실제로 전자 상거래 사이트 아마존은 매출의 35%가 추천 서비스로 발생한다고 합니다. 유튜브 사용자의 시청 시간 중 70%가 추천 영상을 보았고, 넷플릭스 역시 사용자 중 75%는 추천 영화를 선택해서 시청한다고 합니다. 추천 서비스의 영향력이 얼마나 큰지 짐작되나요? 특히 넷플릭스는 사용자에게 딱 맞는 영화나 드라마를 추천하기 위해 큰 상금을 걸고 알고리즘 대회를 연 것으로도 유명합니다. 이런 추천 시스템은 크게 2가지 원리로 동작합니다. 콘텐츠 기반 필터링content-based filtering과 협업 필터링collaborative filtering입니다.

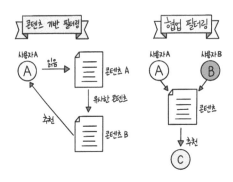

콘텐츠 기반 필터링과 협업 필터링

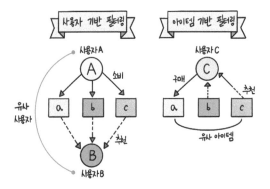

사용자 기반 필터링과 아이템 기반 필터링

콘텐츠 기반 필터링은 콘텐츠의 특성을 파악해 그러한 특성을 가진 다른 콘텐츠를 추천해 주는 방식입니다. 예를 들어 넷플릭스에서 액션 영화를 많이 보는 사람에게는 액션 영화를 추천해 주는 기능을 생각하면 됩니다.

협업 필터링은 사용자 기반 필터링user-based filtering과 아이템 기반 필터링item-based filtering으로 나뉩니다. 사용자 기반 필터링은 취향이 비슷한 사용자 A, B가 있을 때 A가 소비한 상품 또는 서비스를 B에게도 추천하는 시스템입니다.

아이템 기반 필터링은 사용자가 이전에 소비했던 상품과 연관성이 높은 다른 상품을 추천하는 방식입니다. "이 상품을 구입한 고객이 ○○도 샀어요!"라고 추천하는 경우가 여기에 속합니다.

협업 필터링은 사용자 데이터를 기반으로 동작하기 때문에 서비스 사용자의 데이터가 많으면 많을수록 서비스의 신뢰도도 올라간다는 장점이 있습니다. 반대로 서비스 사용자의 데이터가 적으면 그만큼 추천 시스템의 정확도가 떨어진다는 단점도 있죠.

기업 입장에서도 데이터 부족은 소수 인기 상품만 추천되는 쏠림 현상이 벌어져 새로 출시하는 상품을 선보일 기회가 줄어드는 달갑지 않은 상황이 발생합니다. 이처럼 데이터 부족으로 기능이 제대로 동작하지 않는 것을 가리켜 콜드 스타트^{cold start}라고 합니다.

그러나 콜드 스타트는 사용자 데이터가 아닌 상품 자체를 데이터화하는 방법으로 극복할 수 있습니다. 예를 들어 OTT^{over the top} 서비스 플랫폼인 웨이브^{wavve}는 사용자가 어떤 영화를 선택하면 그 영화와 같은 장르, 같은 배우가 출연한 영화, 같은 감독이 연출한 영화 등의 목록이 함께 뜹니다. 그 덕분에 사용자 데이터가 부족하더라도 사용자가 만족할 만한 추천 서비스를 구성할 수 있죠.

이처럼 추천 서비스는 편리한 시스템이지만, 한 번쯤 생각해 봐야 할 문제점도 있습니다. 우선 내가 보고 쓰고 읽는 것들이 대부분 스스로 선택한 것이 아닌 '추천 서비스가 보여 준 것'이라는 점입니다. 이것을 필터 버블^{filter bubble}이라 합니다.

OTT 서비스 플랫폼, 웨이브의 영화 추천 화면

필터 버블의 극단적인 예로 우연히 한쪽 성향의 인터넷 뉴스를 읽었을 때 연달아 뜨는 추천 기사를 따라가다 보면 한쪽으로 치우친 시각으로 기사 속을 헤매는 경험을 할 수도 있습니다. 그래서 고정 관념이나 편견이 강화되기도 합니다. 또한 의도하지 않은 차별을 만들기도 하죠. 왜곡된 세계 속에서 콘텐츠 제공자의 의도에 휘둘릴 수도 있습니다.

실제 2014년에 발표된 〈소셜 네트워크를 통한 대규모 감정 전염의 실험적 증거〉라는 논문에는 페이스북 이용자들 사이에 감정 전염이 일어나는지 실험한 결과가 있습니다. 논문에 따르면 다른 사람의 감정이 자신의 감정에 영향을 미친다는 것, 즉 소셜 네트워크를 통한 전염이 실제로 일어난다는 것을 밝혔습니다. 판단은 늘 사용자 자신의 몫임을 잊어서는 안 되겠습니다.

인공지능 스피커

혹시 스마트폰을 사용하나요? 그렇다면 여러분의 손에도 지능형 개인 비서 소프트웨어가 하나씩 있는 셈입니다. 아이폰의 시리Siri, 갤럭시의 빅스비Bixby 가 바로 인공지능 스피커에 속하죠. 모바일 운영체제에 내장된 인공지능 스피커는 스마트폰에 저장된 데이터를 활용해 날씨나 오늘 일정을 알려 주기도 하고, 전화를 걸거나 받기도 합니다. 오로지 목소리만으로 말이죠. 스마트폰에 탑재되지 않고 독립된 제품으로 존재하는 인공지능 스피커도 있습니다. 여러 단계를 거치지 않고 말 한마디로 원하는 음악을 재생한 다음 "소리 높여 줘"라는 음성 명령으로 음량을 조절할 수도 있습니다. 또, 집안의 전자제품을 제어하고 CCTV 역할을 하기도 합니다. 밤새 코 고는 소리에 인공지능 스피커가 반응하여 계속 대답하는 바람에 잠을 설쳤다는 우스갯소리도 있지만, 그 코 고는 소리를 분석해 사용자의 건강 상태를 알려 주기도 합니다. 음식 배달은 물론이고 외국어 학습에도 인공지능 스피커를 사용합니다. 인공지능 스피커의 기능과 역할은 앞으로 더 커지겠죠.

다양한 인공지능 스피커

인공지능 스피커는 편리하지만 한 가지 생각해야 할 것이 있습니다. 우리가 특정한 문장, 즉 호출어를 말할 때만 반응하기 때문에 잊기 쉽지만, 사실 인공지능 스피커는 그 호출어를 인식하기 위해 24시간 우리의 소리를 듣고 있습니다. 이 데이터를 분석해야 호출어를 더 빠르게 인지하고 대답할 수 있기 때문이죠. 실제로 초기에는 스피커의 성능을 향상시키기 위해서 주변의 소리를 수집하고 분석하기도 했습니다. 일상에서 나누는 대화가 서버로 전송되었던 거죠. 이런 사실이 문제가 된 이후에도 여전히 보안이 강력하다고 보긴 어려운 상황입니다. 또, 스피커의 소프트웨어가 해킹될 가능성도 있으므로 주의해서 사용해야 합니다.

챗봇

일상에서 가장 자주 접하는 인공지능 하면 바로 챗봇chatbot입니다. 챗봇은 메신저, 기업 사이트 또는 앱에서 제공하는 채팅 로봇 프로그램으로, 메신저 봇이라고도 해요. 챗봇 덕분에 사이트 또는 앱 이용 안내나 도움말, 자주 묻는 질문에 대한 답변, 상담 예약을 언제든지 할 수 있습니다.

이런 챗봇도 초기에는 '규칙 기반'으로 동작했습니다. 규칙 기반이란 정해진 규칙에 따라 답변만 하는 것입니다. 가령 "반품은 어디로 보내야 하나요?"라는 질문에서 '반품'이라는 키워드를 인식하고 "OO시 OO구 OO로 102호로 반품해 주세요."라는 답변을 하는 식이죠. 만약 "반품은 어디로 보내야 하나요? 그리고 환불은 어떻게 받나요?"라고 질문하면 '반품'만 인식해 같은 답을 하는 식이었습니다.

하지만 최근에는 챗봇 기술도 발전하면서 마치 사람과 대화하듯 상담을 매끄럽게 이어 나갈 수 있을 정도가 되었습니다. 방대한 대화 데이터를 학습해 사용자의 입력을 인식하고 상황에 맞는 답변을 할 수 있게 되었죠. 단순 입력-출력 형식에서 인공지능을 더한 사례입니다. 여러분의 스마트폰에도 챗봇이 살고 있습니다. 한번 찾아 보세요.

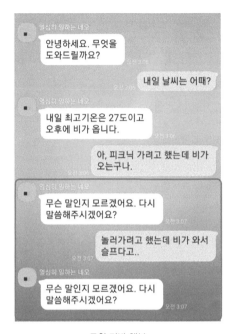

규칙 기반 챗봇

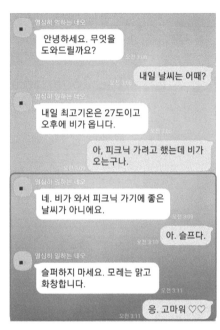

인공지능 챗봇

5분 생각하기 챗봇은 어떤 역할을 할 수 있을까?

최초의 챗봇은 1966년 요제프 바이젠바움Joseph Weizenbaum이 만든 일라이자Eliza입니다. 일라이자는 정신 치료사 역할을 하도록 설계했지만, 최초의 챗봇답게 알고리즘이 다소 허술해 환자의 말에 간단히 공감하는 수준에 그치고 말았습니다.

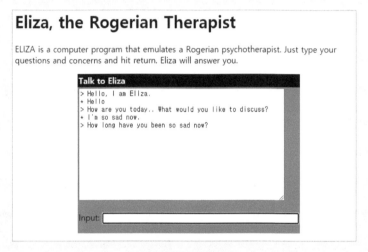

최초의 챗봇 일라이자
(출처: psych.fullerton.edu/mbirnbaum/psych101/eliza.htm)

그러나 이런 허술하고 단순한 공감에도 위안을 받는 환자들이 있었고, 여기에 착안해 '컴퓨터나 인공지능의 인간다운 행위에 무의식적으로 인격을 부여하는 현상'을 뜻하는 일라이자 효과Eliza effect라는 용어가 생겨나기도 했습니다.

지금은 많은 챗봇이 기업의 고객 관리를 돕고 있지만, 최초의 챗봇은 환자를 돌보기 위해 생겨났던 거죠. 그렇다면 앞으로 챗봇의 역할은 어떻게 확장될 수 있을까요?

자율주행차

자율주행차도 먼 미래의 얘기만은 아닙니다. 우리나라에도 2020년에 우체국 택배를 싣고 파주에서 대전까지 왕복하는 자율주행 트럭 마스오토가 등장했습니다. 이 5.5톤짜리 트럭은 정밀한 도로 지도 없이 차량에 장착된 여러 대의 카메라로 입력받은 영상 데이터를 분석하고 판단하는 인공지능(AI)만으로 차를 제어했다고 합니다. 물론 운전자는 타고 있었습니다. 아직 현행법에서 무인 자율주행은 불가능하기 때문이죠.

자율주행 트럭 마스오토

국제자동차기술자협회SAE에서는 자율주행 기술을 6단계로 나누었습니다. 4단계 이상이 운전자 없이 자동차가 자율로 주행하는 진정한 의미의 자율주행 단계죠. 우리나라에서는 현재 3단계까지 성공적인 결과를 얻었습니다. 하지만 지금 도로를 달리는 자율주행 차량들은 인공지능이 운전자를 보조하는 2단계 수준입니다.

0단계 비자동화	1단계 운전자 보조	2단계 부분 자동화	3단계 조건부 자동화	4단계 고도 자동화	5단계 완전 자동화
• 운전자는 상황을 파악하고 운전함	• 운전자는 상황을 파악하고 운전함	• 운전자는 상황을 파악하고 운전함	• 시스템의 요청 시 운전자가 운전함	• 운전자가 시스템에 개입하지 않음	
	• 시스템이 운전자의 가·감속 또는 조향을 보조함 • 스마트 크루즈 컨트롤, 차로 유지 보조 등	• 시스템이 운전자의 가·감속 또는 조향을 보조함 • 고속도로 주행 보조, 원격 스마트 주차 보조 등	• 시스템이 상황을 파악하고 운전함 • 교통 혼잡 시 저속 주행, 고속도로 주행, 자동 차로 변경 등	• 시스템이 정해진 도로와 조건에서 운전함	• 시스템이 모든 도로와 조건에서 운전함

자율주행 기술의 6단계

인공지능 엔터테이너

이제 우리는 인공지능이 그린 그림과 작곡한 음악을 감상하는 게 놀랍지 않은 시대에 살고 있어요. 인공지능 가수가 노래하고 인공지능 아나운서가 뉴스를 진행하는 것은 물론 인공지능 유튜버가 제작한 콘텐츠를 즐길 수도 있죠. 이 인공지능 엔터테이너들은 심지어 현실에도 등장해 활동하기도 합니다.

실제로 2021년 5월, '세계 최초의 로봇 예술가'라 불리는 아이다[Aidar]가 그린 자화상 세 점이 런던의 디자인 박물관에 전시되었습니다. 아이다는 거울에 비친 자기 모습을 카메라로 관찰하면서 직접 붓을 잡고 그림을 그렸습니다. 마치 사람처럼요. '아이다'라는 이름은 최초의 컴퓨터 프로그래머인 '에이다 러브레이

인공지능 로봇 '아이다'와 그녀의 자화상
(출처: instagram.com/aidarobot)

스^{Ada Lovelace}'의 이름에서 따왔다고 합니다.

실제 사람의 얼굴 데이터를 기반으로 AI가 새롭게 만들어 낸 가상 얼굴을 사용한 가상 인간 유튜버 루이^{Rui}도 있어요. 몸, 머리카락, 목소리 등은 모두 실제 인물이지만 얼굴은 초상권을 확보한 여러 사람의 얼굴 이미지를 AI에게 학습시켜 만들었다고 합니다.

웹 사이트 버추얼 휴먼스에 등록된 전 세계 가상 인간은 210명이 넘습니다. 서울에서 태어난 영원한 22살 로지^{Rozy Oh}도 보이네요. 루이와는 다르게 얼굴과 몸이 모두 3D 그래픽으로 만들어진 로지는 발랄하게 춤을 추는 광고로 유명해졌습니다.

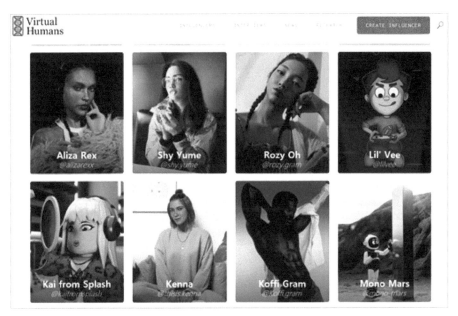

버추얼 휴먼스에서 만든 가상 인간(출처: virtualhumans.org)

2018년 오비어스^{Obvious} 컬렉티브의 인공지능이 그린 〈에드몽 드 벨라미〉가 5억여 원에 팔리기도 했습니다. 이 그림은 아이다처럼 로봇이 직접 손으로 그린 것이 아닌, 생성적 적대 신경망^{GAN,} generative adversarial network 기술로 만들어 냈습니다. 이 기술을 사용하면 사진을 특정 화가의 화풍으로 바꿀 수도 있고 유튜버 루이와 같은 가짜 얼굴을 만들어 낼 수도 있죠.

미술 경매 역사 최초의 인공지능 작품
〈에드몽 드 벨라미〉
(출처: visla.kr/news/art/82403)

2022년 3월 9일 실시한 제20대 대통령 선거 개표 방송에서는 역대 대통령들의 모습을 복원한 영상이 송출됐습니다. FaceSwap 기술과 음성 합성 기술을 사용해 대역 모델의 얼굴을 바꿔 마치 대통령들이 살아서 말하는 것처럼 보였죠.

(출처 : JTBC News 〈2022 우리의 선택 - 비전 어게인〉 미리보기)

01-4

왜 인공지능과 친해져야 할까?

인공지능과 미래의 일자리

우리는 앞으로 인공지능과 함께 살아갈 것입니다. 좋든 싫든 인공지능은 이미 우리 삶에 영향을 미치고 있고 또 도움을 받고 있죠. 그러다 보니 사람이 하던 일을 인공지능이 대체하면서 일자리를 위협하는 존재로 여겨지기도 합니다. 2020년 MIT가 발표한 〈미래의 일: 지능형 기계 시대에 더 나은 일자리 구축〉이라는 보고서에는 기술 혁신으로 얻은 이익은 모두가 공유하도록 제도적으로도 혁신해야 한다고 말합니다. 즉, 노동자에게 기회와 경제적 안정을 제공해야 한다는 거죠. 또, 혁신이 미래에 새로운 일자리를 만들 거라는 근거로 다음 자료를 공개했습니다.

이 그래프를 보면 현재 일자리 중 60%가 1940년에는 존재하지 않았다는 것을 볼 수 있습니다. 예를 들어 2005년 유튜브가 생기기 전에는 유튜버라는 직업은 없었죠. 마찬가지로 앞으로 20~30년 후에 있을 일자리의 60%는 지금은 상상할 수 없는 전혀 새로운 것일 수 있습니다.

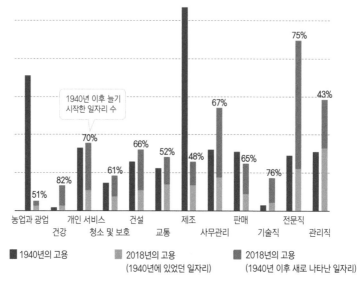

농업과 광업 51% 82% 70% 건강 61% 청소 및 보호 66% 건설 52% 교통 48% 제조 67% 사무관리 65% 판매 76% 기술직 75% 전문직 43% 관리직

1940년 이후 늘기 시작한 일자리 수

■ 1940년의 고용 　　■ 2018년의 고용 　　■ 2018년의 고용
　　　　　　　　　　 (1940년에 있었던 일자리)　　 (1940년 이후 새로 나타난 일자리)

1940년 이후 기술 혁신으로 생겨난 일자리
(출처 : 〈미래의 일: 지능형 기계 시대에 더 나은 일자리 구축〉, MIT)

인공지능에 없는 인간의 능력

2019년 마이크로소프트에서 발표한 〈AI를 위한 준비: 인공지능이 아시아의 일자리와 역량에서 갖는 의미〉라는 보고서는 아시아-태평양 지역 11개국을 중심으로 연구한 결과를 담았습니다. '수요가 많은' 일자리 중 AI 개발을 직접 지원하는 일자리의 비율은 1/5 미만이지만 대인 커뮤니케이션, 창의적 업무, 전략적 의사 결정 업무를 수행하는 일자리는 거의 60%에 이를 것이라고 합니다. 또한 전문 기술은 미래에도 여전히 중요하지만 고도의 인지적, 사회적, 정서적 기술이 특히 중요할 것이라고 짚었죠. 특히 이 보고서를 통해 비즈니스 리더가 앞으로 10대가 갖춰야 할 역량으로 '창의성'과 '대인 관계 기술 및 공감 능력'을 꼽은 것도 눈에 띕니다.

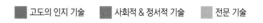

순위	미래에 필요한 기술(2022)	설문조사에서 2018~2021년 기술이 중요할 것이라고 답한 비즈니스 리더의 비율(%)
1	정량적, 분석적, 통계적 기술	51
2	디지털 기술	51
3	적응력과 지속적 학습	49
4	비판적 사고 및 의사 결정	47
5	창의성	44
6	IT 기술과 프로그래밍	44
7	기업가 정신 및 주도력	42
8	프로젝트 관리 능력	41
9	의사소통 및 협상 기술	41
10	대인 관계 기술 및 공감 능력	39

아시아-태평양 지역의 비즈니스 리더가 갖춰야 할 10대 역량
(출처: 〈AI를 위한 준비: 인공지능이 아시아의 일자리와 역량에서 갖는 의미〉)

한국고용정보원 보고서에서도 중요한 것은 '개인이 어떤 직업, 역량을 갖추느냐가 아니라 사회 전반에서 인간이 하는 일의 가치를 어떻게 평가할 것이냐'라고 합니다. 즉, 직종과 관계없이 종합적인 분석과 판단, 의사 결정과 의사소통 등의 역량을 갖춘다면 인공지능, 로봇 기술에 대체될 위험이 낮고, 대체된다고 해도 인공지능이 작업을 독점해서 수행하는 것이 아니라 인간을 보조하는 수단이 될 확률이 높습니다. 이것이 우리가 인공지능을 알아야 하는 이유입니다.

5분 생각하기 다가오는 인공지능 사회, 우리는 무엇을 준비해야 할까요?

인공지능은 인간보다 빠르게 데이터를 분석해서 문제를 해결하는 방법을 찾아낼 수 있습니다. 하지만 데이터가 모든 것을 다 표현하지는 못합니다. 그리고 인간에게는 인공지능이 갖추지 못한 따뜻한 인류애와 공감 능력 그리고 창의력이 있죠. 그렇다면 우리 삶을 더 편하고 효율적으로 만드는 데 인공지능을 활용하려면 무엇을 준비해야 할까요?

인공지능을
만드는 데이터

음식의 맛은 재료의 질이 크게 좌우합니다. 신선하고 좋은 재료를 쓸수록 음식도 맛있어지죠. 인공지능이 음식이라면 데이터는 재료입니다. 데이터의 질에 따라 인공지능의 성능도 달라질 수 있습니다. 그렇다면 인공지능을 만드는 데이터란 무엇일까요? 또, 어떻게 수집할까요? 2장에서 그 내용을 자세히 알아보겠습니다.

이 장의
목표

- 데이터와 빅데이터를 이해할 수 있어요.
- 좋은 데이터란 무엇이며 데이터를 어떻게 수집하는지 알 수 있어요.
- 편향된 데이터가 인공지능과 인간에게 어떤 영향을 미치는지 알 수 있어요.

단어장 데이터, 서버, 정보, 데이터 마이닝, 빅데이터, 바이트, 편향, 좋은 데이터, 머신러닝, 데이터 수집, 공공 데이터

02-1

데이터와 빅데이터

모든 순간이 데이터가 되는 세상

지금 이 순간에도 우리는 데이터를 생산하고 있습니다. 유튜브에서 영상을 볼 때, 광고 배너를 클릭할 때, 배달 앱으로 음식을 주문할 때, 건강 앱을 켜고 운동을 할 때, 버스나 전철을 타고 내릴 때 등 일상 속 모든 행동이 곧 데이터 data가 되고 있죠. 이렇게 우리가 생산한 데이터는 무선 통신 기기를 거쳐 서버 server에 저장되어 유행 상품, 연령대별 선호하는 음식, 전철이 가장 붐비는 시간과 역 등을 분석하는 데 이용할 뿐 아니라 인공지능을 구현하는 데에도 아주 중요한 재료가 됩니다.

데이터라 하면 숫자가 먼저 떠오르는 사람도 있을 거예요. 하지만 그것만이 데이터는 아닙니다. 시간, 길이, 거리와 같은 숫자도 데이터지만 SNS의 글과 사진, 내가 좋아하는 가수의 음원, 유튜브의 영상 등 이 모든 것이 데이터입니다. 사막의 모래알과 같이 셀 수 없이 많은 데이터가 시시각각 생산되죠.

'데이터'와 '정보'의 차이

하지만 데이터가 데이터로 머물러 있는 동안에는 아무런 가치가 없습니다. 그저 데이터일 뿐이죠. 데이터가 의미를 가지려면 데이터를 추출하는 과정이 필요합니다. 이 과정을 데이터 마이닝data mining이라고 합니다. 마치 광산에 묻힌 원석을 캐내고 가공해 아름다운 보석을 만드는 것처럼 무수한 데이터 안에서 가치 있는 정보를 뽑아내는 거죠. 이렇게 추출한 정보에서 우리는 지식을 얻고 지식을 토대로 지혜를 얻게 됩니다.

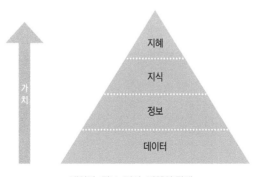

데이터-정보-지식-지혜의 관계

예를 들어 어느 지역의 연간 강설량 데이터와 어느 편의점에서 매일 판매한 호빵 개수라는 데이터가 있다고 가정해 보겠습니다. 데이터만 보면 그저 강설량이고 판매한 호빵의 개수일 뿐입니다. 그럼 어떻게 이 데이터가 정보가 될 수 있을까요?

먼저 강설량 데이터를 살펴보니 12월에서 2월 사이에 눈이 온 날은 총 15일이었고 3월에서 11월 사이에 눈이 온 날은 2일이었습니다. 또, 호빵의 판매량을 살펴보니 매달 평균 1천 개 정도 판매되다가 12월엔 2천 개, 1월엔 3천 개, 2월엔 1천5백 개가 팔린 것을 알게 되었습니다. 강설량과 호빵 판매를 연결해 보니 데이터가 정보가 된 것입니다.

호빵 제조사에서는 눈이 온 달의 호빵 매출이 다른 달에 비해 20% 정도 늘어난다는 것을 알게 되었습니다. 정보가 지식이 된 거죠. 그래서 눈이 많이 올 것으로 예상되는 달에는 호빵 납품량을 20% 늘리고 호빵과 함께 먹으면 좋은 음료를 묶어 판매를 촉진하는 이벤트를 진행하기로 했습니다. 숫자에 불과했던 데이터가 지식이 되고 지혜가 되는 순간입니다.

세계적으로 유명한 이탈리아 조각가 미켈란젤로^{Buonarroti Michelangelo}는 이런 말을 했습니다.

"나는 대리석 안에서 천사를 보았고, 그를 자유롭게 해줄 때까지 조각했다. (중략) 모든 돌 안에는 조각상이 있다. 그리고 조각가의 일이란 그것을 발견하는 것이다."

마치 원석이 찬란한 보석이 되는 과정과 같지 않나요? 데이터가 정보가 되고, 지식이 지혜로 다듬어지는 과정과도 비슷하죠. 이 과정이 저절로 이루어지는 것은 아닙니다. 문제 의식을 느끼고 데이터를 잘 관찰한 다음, 정보의 생성 과정을 파악해 미래를 예측하는 훈련을 해야만 가치 있는 결과를 만들 수 있을 것입니다.

한 번쯤은 빅데이터^{big data}라는 말을 들어 본 적이 있을 거예요. '빅^{big}+데이터^{data}'라니 어쩐지 데이터량이 많은 것을 뜻하는 것 같아요. 하지만 빅데이터는 단순히 대량의 데이터를 의미하지 않습니다. 조금 더 구체적으로 설명하자면 빅데이터 속성을 알아야 하는데요. 빅데이터를 대표하는 3가지 속성은 volume^{규모}, variety^{다양성}, velocity^{속도}입니다. 이를 가리켜 3V라 하죠. 여기에 2가지 속성인 veracity^{진실성}, value^{가치}를 포함하여 5V라고 합니다. 즉, 빅데이터란 다양한 형태를 갖고 있고 생성 속도가 빠르면 가치를 창출할 수 있는 대량의 데이터를 의미합니다.

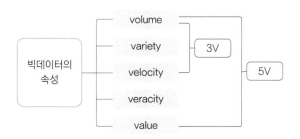

데이터는 많을수록 좋을까?

예전에는 데이터를 저장하는 매체의 용량이 크지 않아 큰 데이터는 쉽게 저장할 수 없었어요. 또, 데이터를 저장할 서버를 운영하는 비용도 컸습니다. 하지만 지금은 다릅니다. 쉽게 계산할 수 없을 만큼 큰 데이터도 저장할 수 있고, 서버도 무척 다양해져서 적절한 가격에 데이터를 얼마든지 보관할 수 있게 되었죠. 게다가 초고속 인터넷과 스마트폰이 발달함에 따라 인터넷에서 생성되는 정보가 무척 다양하고 많아졌습니다. 데이터 생산 속도도 어마어마하게 빨라졌습니다. 현존하는 모든 데이터의 90%가 2015년 이후에 생산되었다고 합니다. 시장 조사 기관인 스태티스타Statista는 2025년에는 정보량이 175ZB 까지 증가할 거라고 예측했습니다.

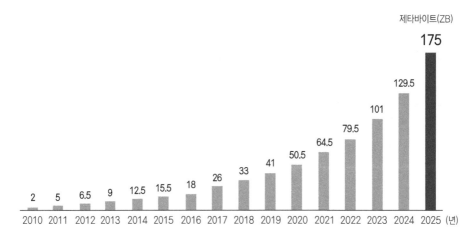

연도별 전 세계 데이터 생산량
(출처:정보통신산업진흥원, 원출처: Statista)

175ZB라니! 어느 정도인지 상상이 가나요? ZB란, 제타바이트^{zettabyte}라는 데이터 단위로, 여러분이 즐겨 듣는 음악 한 곡이 5MB 정도이므로 1ZB만 해도 200조 곡에 달하는 수치입니다. 어마어마한 양이죠?

 궁금해요! 바이트가 뭐예요?

바이트^{byte}는 컴퓨터에 저장할 수 있는 데이터 크기를 나타내는 단위로, 가장 작은 단위는 비트^{bit}입니다. 8bit가 모여 1byte가 되고, 바이트가 1024개가 모이면 1KB(킬로바이트)가 되죠. 또, 1024KB는 1MB(메가바이트)가 되고 1024MB는 1GB(기가바이트)가 되는 식으로 점차 단위가 커진답니다. 바이트의 단위와 크기는 다음과 같습니다.

바이트 단위	KB (킬로바이트)	MB (메가바이트)	GB (기가바이트)	TB (테라바이트)
계산법	1024KB = 1MB	1024MB = 1GB	1024GB = 1TB	1024TB = 1PB

바이트 단위	PB (페타바이트)	EB (엑사바이트)	ZB (제타바이트)	YB (요타바이트)
계산법	1024PB = 1EB	1024EB = 1ZB	1024ZB = 1YB	—

인공지능은 수많은 데이터 속에서 규칙과 연관성을 찾아냅니다. 데이터가 많을수록 그 안에서 얻을 수 있는 정보도 많아지겠죠. 그러면 데이터는 무조건 많을수록 좋을까요?

요리를 한다고 가정해 보겠습니다. 먼저 해야 할 일은 무엇일까요? 바로 요리에 필요한 재료를 준비하는 거예요. 그런데 요리에는 쓰이지 않을 재료를 무작정 준비하면 필요 없는 재료가 가득 쌓여서 자리만 차지하거나 잘못된 재료를 넣을 수도 있겠죠. 데이터도 마찬가지랍니다. 모든 데이터에서 정보를 얻을 수 있는 건 아닙니다. 무턱대고 쌓아 둔 데이터에서 의미를 찾지 못하면 모든 데이터를 폐기하고 다시 수집해야 하는 일이 벌어지기도 하죠. 즉, 애초에 필요한 데이터를 수집하는 것도 무척 중요합니다. 데이터를 저장하고 보관하는 것도 비용이 들기 때문에 아무 의미도 없는 데이터를 무작정 모아 두는 것은 손실만 가져올 수 있습니다.

정리하자면 질 좋은 데이터가 많아야 합니다. 만들려는 음식에 딱 필요한 질 좋은 재료가 충분히 있어야 하듯이 말이죠. 질 좋은 데이터가 많으면 데이터를 분석할 수 있는 프로그램도 많아지고, 이를 활용하는 분야도 다양해질 것입니다. 기술뿐만 아니라 우리 삶의 질을 한 단계 높일 수도 있죠.

우리는 일상에서 많은 데이터를 생산하기도 하지만 소비하기도 합니다. 가령 매일 타는 버스, 전철에서 보는 도착 시간 같은 것도 말이죠. 바로 이 데이터로 앱을 만든 고등학생이 있었어요.

유주완 군은 버스 도착 정보를 확인하기 위해 ARS 서비스를 주로 이용했습니다. 하지만 불편하고 번거로운데다 정보가 정확하지 않았죠. 이에 불편함을 느껴 '서울 버스'라는 앱을 만들었습니다. 이 앱은 출시 당일 우리나라 앱스토어 1위에 오를 정도로 뜨거운 관심을 받았고, 이후에 만들어진 버스 앱들도 이 앱의 디자인을 따라가게 됩니다.

이처럼 흩어져 있는 숫자 데이터만으로는 가치를 가지지 못합니다. 그것을 엮어서 많은 사람에게 편리함을 안겨 주는 서비스를 만듦으로써 데이터가 큰 가치를 갖게 되었습니다.

'서울 버스' 앱
(출처: NHN NEXT 블로그)

02-2

데이터의 중요성

편향된 데이터가 인공지능에 미치는 영향

앞서 데이터는 데이터일 뿐 그 안에서 가치를 발견하는 것이 우리 역할이라고 했습니다. 즉, 인공지능이 어떤 데이터를 학습하느냐에 따라 보여 주는 결과도 달라지죠. 그래서 인공지능에 데이터를 학습시키는 인간의 역할은 무척 중요합니다. 때로는 인간의 잘못된 판단을 학습시킨 인공지능이 원치 않는 결과를 내기도 하기 때문입니다.

잘못된 데이터를 학습시키면 어떤 결과가 발생할지 선뜻 이해하기 쉽지 않을 거예요. 이에 Code.org라는 단체는 해양 생물과 쓰레기를 분류하는 AI를 만드는 과정을 게임처럼 만들어 인공지능이 학습하는 데이터가 얼마나 중요한지를 보여 주었습니다.

〈바다를 위한 AI〉 플레이 화면(출처: code.org/ocean)

〈바다를 위한 AI〉는 단순히 해양 생물과 쓰레기를 구분하는 게임처럼 보이지만, 실제 인공지능이 데이터를 학습하고 분류하는 과정을 그대로 구현해 놓은 것입니다. 사용자가 데이터를 정확히 분류할수록 인공지능도 쓰레기와 해양 생물을 정확하게 분류하고, 사용자가 데이터를 잘못 분류하면 인공지능 역시 이 둘을 잘못 분류할 확률이 높아집니다.

해양 생물과 쓰레기는 한눈에 구분하기 쉬운 특징이 있으므로 둘을 쉽게 구분할 수 있고, 그렇게 분류한 데이터로 학습한 인공지능은 해양 생물과 쓰레기를 잘 분류할 것입니다. 하지만 사람이 분류하기 모호한 데이터는 어떨까요?

〈바다를 위한 AI〉를 더 진행하다 보면 인공지능에 단어를 학습시키는 단계가 등장합니다. 예를 들어 '사나운'이라는 단어와 물고기 이미지를 연결해 인공지능을 학습시킨다면 여러분은 어떤 물고기를 사납다고 판단할 것인가요? 어떤 사람은 눈 끝이 치켜 올라간 물고기를, 어떤 사람은 이빨이 날카로운 물고기를 사납다고 판단할 수도 있을 것입니다.

그렇다면 날카로운 이빨을 보이면서 웃는 물고기는 어떨까요? 앞서 '이빨이 날카로운 물고기는 사납다'고 생각한 사람은 이 물고기를 사나운 물고기로 분류할 것입니다. 그리고 이 사람이 분류한 데이터로 학습한 인공지능은 이빨이 날카로운 물고기는 웃고 있어도 사납다고 판단할 확률이 매우 높습니다.

이빨이 날카롭다고 무조건 사나운 물고기로 판단하면 데이터가 편향됩니다. 이처럼 사람의 판단은 인공지능에 영향을 크게 미칩니다. 앞서 살펴본 예는 잘못된 판단으로 편향된 데이터가 나온 것입니다. 편향된 데이터는 한쪽으로 쏠려 있는 데이터를 의미합니다. 이빨이 날카로운 물고기는 모조리 사나운 물고기로 분류한 것처럼요. 편향된 데이터로 학습한 인공지능은 인간이 원하지 않는 결과를 도출합니다. 그렇다면 편향되지 않은 데이터, 좋은 데이터란 무엇일까요?

 5분 생각하기 편향된 데이터로 학습한 인공지능은 인간에게 어떤 영향을 미칠까?

2021년 카네기 멜론 대학교와 조지 워싱턴 대학교가 이미지 데이터베이스를 기반으로 실시한 한 연구에서 남성은 '사무실' 또는 '비즈니스'와 연결되고, 여성은 '어린이' 또는 '집'과 연결되어 있다는 사실을 알아냈습니다. 또한 백인은 '도구'와 연결되고 흑인은 '무기'와 연결되어 있다는 사실은 더 놀라웠습니다. 인간의 편향이 강하게 반영된 결과죠.
이렇게 인간의 편향이 반영된 AI가 인간을 돕는 데 쓰이면 어떻게 될까요? 실제로 뉴욕 대학교 AI Now 연구소에서는 2019년에 범죄 예측 시스템을 운영 중이거나 운영했던 미국

13개 시 경찰을 조사했습니다. 그 결과 많은 경찰이 흑인이나 소수 인종이 주로 거주하는 동네에서 범죄가 자주 일어날 것이라는 편견을 가지고 더 자주 순찰하고 불법 검문을 한다는 것을 밝혀냈습니다. 자연히 이 동네는 백인이 주로 거주하는 동네보다 범죄율이 높게 나오고 경찰이 더 많이 단속하는 순환 고리가 생기게 되었습니다.

이처럼 인간의 편향은 데이터가 되어 편향된 인공지능을 만듭니다. 편향된 인공지능이 인간을 돕는다면 인간은 이 인공지능을 유용하게 쓸 수 있을까요? 또 편향된 인공지능이 인간에 어떤 영향을 미칠까요? 그렇다면 편향되지 않은 데이터를 수집하고 학습하려면 어떻게 해야 할까요?

좋은 데이터의 4가지 조건

격식을 차려야 하는 자리에 초대를 받았어요. 가장 먼저 무엇을 해야 할까요? 아마 입고 갈 옷부터 고를 거예요. 지저분해도 안 되고 실밥이 삐져나오거나 구멍이 있어도 안 될 거예요. 크기도 내 몸에 맞아야 할 테고요. 등산할 때는 등산복, 수영할 때는 수영복이 필요하듯이 때와 장소에 맞는 옷은 무척 중요합니다. 데이터도 마찬가지입니다. 어떤 인공지능을 만드느냐에 따라 적절한 데이터가 필요합니다.

우리는 앞으로 인공지능 중에서도 머신러닝을 알아보고 머신러닝을 동작하는 다양한 체험도 해볼 텐데요. 이때도 데이터를 빼놓을 수 없습니다. 그렇다면 머신러닝 학습에 필요한 데이터란 무엇일까요?

때와 장소에 적절한 옷 고르기

① 대표성

머신러닝 학습에 사용하는 데이터는 대표성을 띠어야 합니다. 웹 브라우저 검색 창에 '의사'를 검색하고 이미지를 보면 남자 사진이 여자 사진보다 많이 나오는 것을 볼 수 있습니다. 만약 AI에 '의사'라는 이미지를 학습시키기는 데 이렇게 검색해서 수집한 데이터를 사용한다면 어떻게 될까요? 인공지능은 의사와 남자의 연관성을 더 강하게 학습할 것입니다. 이처럼 데이터는 어느 한쪽에 치우치지 않도록 공정하게 대표성을 띠어야 합니다.

② 충분한 데이터의 양

대부분의 머신러닝 알고리즘은 충분한 데이터가 있어야 합니다. 부족하면 인식률이 떨어지고 반대로 많으면 시간을 낭비하거나 데이터를 민감하게 학습해서 오히려 성능이 떨어질 수 있죠. 표본을 추출하는 방법도 무척 중요합니다. 그렇지 않으면 앞에서 언급한 '대표성'을 띠지 못하는 데이터가 표본으로 추출될 수 있습니다. 가령 의사를 학습시킬 때 성별이라는 편향을 학습하지 않도록 남자 의사와 여자 의사의 이미지 개수를 비슷하게 사용해야 합니다. 당연히 표본도 골고루 뽑아야 하고요.

③ 데이터의 품질

데이터에도 품질이 있습니다. 품질이 나쁜 데이터란, 다른 데이터와 완전히 동떨어져 연관성이 없거나 군데군데 비어 있는 데이터를 뜻합니다. 가령 월별 데이터인데 1월 데이터만 빠져 있거나 60대 이상 노인의 치매율을 분석하는데 60대 데이터밖에 없다면 곤란하겠죠. 이런 경우 반드시 세심한 전처리 preprocessing, 즉 데이터의 품질 관리가 필요합니다.

 궁금해요! 전처리가 뭐예요?

전처리란, 인공지능을 학습하는 데 나쁜 영향을 줄 수 있는 데이터를 미리 골라내거나 데이터를 학습에 사용하기 좋은 형태로 바꾸는 것입니다. 인공지능이 완성된 요리라면 데이터는 요리 재료와 같습니다. 요리하기 전에 상한 재료는 골라내고, 모든 영양소가 골고루 들어가게끔 싱싱한 재료를 다양하게 준비해서 손질하고, 적당한 크기로 자르는 과정이 필요하겠죠? 데이터에선 이 과정을 가리켜 '전처리'라고 합니다.

④ 학습에 최적화된 특성

인공지능이 학습할 데이터는 데이터 자체가 아니라 데이터에서 추출한 특성입니다. 이것을 피처feature 또는 특성이라고도 합니다. 예를 들어 과일의 품질을 판정하는 인공지능을 만든다면 당도, 크기, 색깔 선명도, 숙성된 정도와 같은 것들이 바로 특성입니다. 관련이 없는 특성은 적어야 하고, 관련이 있는 특성은 충분해야 합니다. 학습에 유용한 특성을 찾아내거나 각 특성을 결합해 더 유용한 특성을 찾아내는 것을 특성 공학feature engineering이라고 합니다. 특성을 충분히 뽑아낼 수 없다면 새로운 데이터를 수집해야 합니다. 데이터를 다시 수집하려면 시간이 오래 걸리기 때문에 어떤 특성을 포함한 데이터를 수집할지 미리 잘 설계하는 것이 중요합니다.

데이터 수집하기

지금까지 데이터가 인공지능에 미치는 영향이 얼마나 큰지를 이야기했죠. 그렇다면 이 데이터는 어디서, 어떻게 수집할 수 있을까요? 먼저 수집해야 할 데이터의 수는 프로젝트의 규모와 관계가 있습니다. 프로젝트가 크면 클수록 그만큼 많은 데이터가 필요하죠. 그러면 데이터를 수집하는 것부터 필요한 데이터를 추려내고 학습시키는 과정까지 거창해질 수밖에 없겠죠. 내 주변에서 쉽게 수집할 수 있는 데이터를 이용해 작은 프로젝트부터 시작해 보는 게 좋습니다. 가계부, 수면 습관, 식습관, 취미에서 데이터를 얼마든지 찾아낼 수 있죠. 식물을 키우면서 자라는 모습을 관찰하거나 매끼 먹은 음식을 기록하거나 읽은 책의 정보를 기록해 데이터를 만들 수도 있어요. 인공지능을 만드는 전체 과정을 먼저 파악한다면 데이터가 커져도 막힘없이 해결책을 찾을 수 있을 거예요.

정부에서는 데이터에 기반한 IT 산업 활성화를 위해 '빅데이터 플랫폼 및 센터 구축 사업'을 진행해 오고 있습니다. 정부가 나서서 품질 좋은 데이터를 수집하고 공유하는 시스템을 만들고자 하는 것입니다. 데이터를 수집하거나 사용하기 좋도록 처리하는 데 어려움을 겪는 중소기업이나 스타트업에서는 큰 비용을 들이지 않고 이 데이터를 사업에 활용할 수 있습니다. 어떤 데이터가 있는지 다음 사이트를 둘러보세요.

① AI 허브 ─ aihub.or.kr

AI 허브[AI Hub]는 한국지능정보사회진흥원[NIA]에서 운영하는 사이트입니다. 사이트 이름에서 알 수 있다시피 인공지능 학습용 데이터를 구축하기 위해서 만들어졌고 빅데이터 구축 사업을 통해 데이터가 계속 추가되고 있습니다. 음성/자연어, 헬스케어, 안전, 비전, 자율주행, 농축수산, 국토환경, 교육 등 다양한 카테고리가 있으며 텍스트뿐만 아니라 이미지, 오디오, 비디오 데이터까지 볼 수 있습니다.

② 공공 데이터 포털 ─ data.go.kr

공공 데이터 포털에는 정부에서 공개한 방대한 데이터가 모여 있습니다. 상상할 수 있는 모든 분야의 데이터를 다룰 정도로 무척 다양하다고 생각하면 됩니다. 필요한 정보를 직접 검색해도 좋지만, 워낙 데이터가 많아서 학습에 사용할 데이터만 찾는 게 쉽지 않을 땐 앞서 소개한 'AI 허브'를 이용해 보세요.

③ 서울 열린 데이터 광장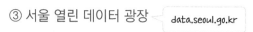

종량제 봉투 가격, 생활 인구 통계 등 서울시와 관련된 공공 데이터부터 인공지능 학습에 사용하는 '헬스 케어 적용을 위한 운동 이미지'까지 다양한 데이터를 이곳에서 찾을 수 있습니다. 다른 지방자치단체에서도 이와 비슷한 사이트를 운영하고 있습니다. 여러분이 살고 있는 지역의 공공 데이터 사이트를 찾아보세요.

④ 데이콘 & 캐글   dacon.io

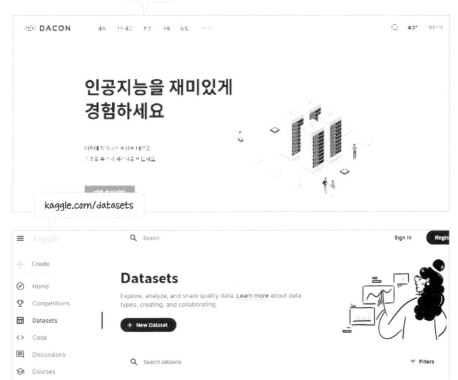

데이콘과 캐글은 집단 지성의 힘으로 데이터를 활용해 문제 해결 방법을 찾아내는 사이트입니다. 데이터 경진 대회를 여는 방식으로 해결 방법을 찾는 모델을 개발하기도 하죠. 그래서 이 대회에 참가하면 양질의 데이터를 살펴볼 수 있습니다. 자신만의 해결 방법이나 보고서를 공개하기도 해 새로운 시각을 경험할 수도 있습니다.

5분 생각하기 편리함과 사생활 침해의 사이, 양날의 검 '데이터'

빅데이터는 우리 삶의 질을 향상하는 데 기여하지만, 동시에 데이터 처리 과정에서 민감한 개인 정보가 노출되어 위험에 처할 수도 있습니다. 아무리 개인 정보 보호를 위해 노력해도 데이터의 양이 많아지면 그만큼 놓치는 부분도 많아지기 마련이죠. 또, 개인이 정보 사용에 동의했더라도 생각한 이상으로 개인 정보를 마케팅에 활용하기도 합니다. 실제로 2012년 미국 유통 업체인 타깃Target은 고객의 소비 패턴을 분석해 앞으로 소비할 것 같은 상품 쿠폰을 발송하기도 했습니다. 이때 임신 사실을 가족에게도 숨겼던 15살 소녀에게 출산과 육아에 관련된 쿠폰이 발송되었고 가족 모두가 그 사실을 알게 되어 발칵 뒤집히는 사건이 벌어졌죠. 이 일로 타깃은 합의금과 법률 비용 등 총 2,400억 원을 지출해야 했습니다.

우리가 정보를 제공한 업체가 아닌 제삼자가 개인 정보를 채갈 수도 있습니다. 뉴스에서 심심찮게 볼 수 있는 기업의 개인 정보 유출 사건이나 네티즌들이 연예인이나 화제가 된 인물의 과거 정보를 캐는 등의 사례가 그렇죠.

개인 정보 보호와 활용에서 데이터는 양날의 검입니다. COVID-19가 확산했을 때 우리나라를 포함해 몇몇 국가는 확진자의 거주지, 성별, 나이 그리고 시간대별 동선까지 전 국민에게 낱낱이 공개했습니다. 확진자 자신이 동선을 확신하지 못할 때는 휴대전화 GPS 정보, 신용카드 거래 정보, 교통카드 태그 정보, CCTV 등을 이용해 철저하게 추적해 공개했죠. 감염 경로를 파악하는 것이 확산을 막는 지름길이라고 생각했기에 우리나라 대다수 국민은 공동체를 위해 개인 정보 노출을 허락했습니다. 실제로 확진자 동선 추적은 확산 방지에 도움이 되었습니다. 확진자가 방문한 매장을 소독하고 예상 확진자를 빠르게 추적해 확산을 막았죠. 하지만 과하게 자세한 정보에 확진자의 신원이 밝혀져 일부는 학교 또는 직장에서 따돌림을 당하거나 불특정 다수에게 비난받는 등 어려움을 겪어야 했습니다.

공공의 이익을 위해 개인 정보를 활용하더라도 최소한의 보호는 필요합니다. 정보를 제공하는 개인 역시 정보 보호에 최선을 다해 줄 것을 기대하며 동의한 것이니까요. 공익을 위해 공개된 다른 사람의 이미지나 영상을 조작해 유포하는 일은 엄연한 범죄입니다.

개인 정보 보호의 책임은 일차로 데이터 수집자에게 있지만 정보를 제공하는 나 자신도 주의를 기울여야 합니다. 특히 SNS에 무방비하게 노출되는 개인 정보는 불특정 다수에게 공개될 수 있으니 각별히 주의해야 합니다.

알고리즘이
궁금해

인공지능이 두 번의 겨울을 겪고 다시 활짝 피는 데에는 알고리즘의 발전이 큰 역할을 했습니다. 도대체 알고리즘이 뭐길래요?

이 장의 **목표**

- 알고리즘이 무엇인지 이해할 수 있어요.
- 좋은 알고리즘을 구분하고 순서도를 그릴 수 있어요.
- 머신러닝이란 무엇인지 그리고 어떻게 활용하는지 알 수 있어요.

단어장 알고리즘, 순서도, 프로그램, 머신러닝, 지도 학습, 비지도 학습, 강화 학습, 레이블, 타깃, 분류, 회귀, 군집화, 에이전트, 보상, 딥러닝, 인공 신경망, 퍼셉트론, 심층 신경망, 가중치

03-1

생활 속의 알고리즘

아직 말도 하지 못하는 갓난아기는 배가 고파도, 기저귀가 축축해서 불편해도, 졸려도 할 수 있는 것이 별로 없습니다. 말을 할 수 없어서 우는 것밖에 할 수 없어요. 그런데 엄마는 귀신같이 원하는 것을 척척 알아채서 배가 고프면 젖병을 물리고, 졸리면 안거나 업어 주고, 쉬 때문에 축축할 땐 기저귀를 갈아 주죠. 엄마는 어떻게 아기가 원하는 걸 모두 아는 걸까요?

그 비밀은 바로 알고리즘입니다. 우선 아기가 우는 경우를 크게 배고플 때, 졸릴 때, 쉬나 응가를 해서 불편할 때로 나누어요. 보통 갓난아기는 수시로 잠을 자, 2시간에 한 번쯤 먹는다는 것을 알고 있으니 아기가 울면 먼저 기저귀가 젖었는지 확인해요. 그게 아니면 우유를 주고요. 그것도 아니면 안아서 재워요. 엄마는 자신만의 '갓난아기 돌보기' 알고리즘을 갖게 되는 거죠. 바로 학습을 통해서요.

우는 아기를 돌보는 알고리즘

알고리즘은 문제를 해결하는 절차

알고리즘이란, 문제를 해결하는 절차를 뜻합니다. 거창한 문제가 아니어도 알고리즘은 곳곳에 쓰이고 있어요. 우리가 일상에서 마주치는 문제를 해결하는 데에도 알고리즘이 쓰입니다. 요리 레시피도 하나의 알고리즘이랍니다. 어떤 목적을 달성하는 과정이 바로 알고리즘인 셈이죠.

맛있는 햄버거를 만드는 데도 알고리즘이 있어요. 패티의 두께, 재료를 쌓는 순서, 소스의 양 같은 것들이요.

햄버거를 만드는 회사는 이 모든 것을 매뉴얼로 만들어 두었습니다. 규칙을 정하는 거죠. 모두가 이 규칙대로 햄버거를 만들어야 최대한 균일한 수준으로 맛을 낼 수 있기 때문입니다.

햄버거를 만드는 알고리즘

알고리즘은 흔히 볼 수 있는 음료 자판기에서도 발견할 수 있어요. 만약 자판기에 돈을 넣고 기다리면 어떻게 될까요? 또는 자판기를 발견하자마자 먹고 싶은 음료 버튼만 누르면 어떻게 될까요? 아마 원하는 음료를 먹긴 어려울 겁니다. 보통 자판기의 알고리즘은 다음과 같습니다.

1. 원하는 음료를 고른다.
2. 음료의 가격을 확인한다.
3. 가격과 동일하거나 그 이상의 돈을 넣는다.
4. 원하는 음료의 버튼을 누른다.
5. 상품 출구에서 음료를 꺼낸다.
6. 거스름돈을 받는다.
   (음료 가격 이상의 돈을 투입했을 때)

만약 이 순서를 따르지 않으면 자판기 앞에서 하염없이 기다려도 음료를 먹을 수는 없을 거예요. 이처럼 절차를 정하는 것 그리고 절차를 잘 따르는 것은 무척 중요합니다. 알고리즘은 수많은 실패와 성공의 경험을 통해 문제를 해결하는 최적의 과정을 도출한 것입니다. 어떻게 하면 문제를 빠르고 정확하면서도 완성도 높게 해결하느냐를 알려 주는 게 알고리즘의 역할이죠.

좋은 알고리즘이란?

좋은 알고리즘의 4가지 조건

앞서 알고리즘은 문제를 해결하는 절차라고 했어요. 같은 문제를 해결해도 좋은 알고리즘은 따로 있습니다. 좋은 알고리즘이란, 말 그대로 문제를 더 효율적이고 빠르게 해결하는 알고리즘을 뜻한답니다. 즉, 결과를 내는 것도 중요하지만 그 과정도 중요하다는 뜻이에요. 그렇다면 좋은 알고리즘의 조건은 무엇일까요?

좋은 알고리즘의 조건 1. 문제를 정확히 해결해야 해요

알고리즘의 가장 중요한 역할은 문제를 정확히 해결하는 것입니다. 원하는 결과를 얻을 수 있어야 하죠. 다른 좋은 알고리즘의 조건을 모두 충족해도 원하는 결과를 내지 못하면 좋은 알고리즘이라고 볼 수 없어요.

좋은 알고리즘의 조건 2. 빠르게 처리해야 해요

신속, 정확! 어떤 일이든 빠르고 정확하게 해결한다는 건 그만큼 시간이라는 자원을 아낄 수 있다는 뜻이에요. 같은 연산도 더 빠르게 수행할 수 있게 해준다면 아주 좋은 알고리즘입니다. 단, 빠르게 처리하느라 정확도가 떨어져선 안 되겠죠. 우리의 목적은 문제 해결이니까요.

좋은 알고리즘의 조건 3. 최소의 자원으로 최대의 효율을 내야 해요

여행을 가기 전 짐을 쌀 때 가져가고 싶은 물건은 많은데 가방 크기가 충분하지 않아 고민했던 경험이 있을 거예요. 이럴 때 가장 좋은 방법은 꼭 필요한 것만 담는 겁니다. 알고리즘도 마찬가지예요. 문제 해결이라는 목적에 필요한 기능만 수행하면서 불필요한 자원(컴퓨터의 메모리 공간 또는 연산 시간)을 낭비하지 않는 게 좋은 알고리즘입니다. 물론 지나치게 자원을 아끼려다 오히려 문제 해결을 어렵게 만드는 것도 좋은 알고리즘은 아니겠죠?

좋은 알고리즘의 조건 4. 단순명료해야 해요

알고리즘은 단순하면 단순할수록 좋아요. 누구나 문제를 해결하는 과정을 보는 것만으로 쉽게 이해할 수 있어야 이 알고리즘이 어떤 문제를 어떻게 해결하는지 금세 파악할 수 있고, 또 문제가 생겼을 때 수정하거나 보완할 수 있기 때문이죠. 지나치게 복잡한 코드는 불필요한 자원을 쓰기 때문에 '최소의 자원으로 최대의 효율'을 낼 수 없어요. 좋은 알고리즘은 최대한 단순명료해야 합니다.

가장 좋은 알고리즘은 그때그때 달라요!

좋은 알고리즘의 조건 4가지를 살펴봤어요. 그렇다면 이 모든 조건을 만족하면 '가장 좋은 알고리즘'이 될까요? 사실 좋은 알고리즘을 하나만 정하기는 어렵습니다. 하나의 문제를 해결하더라도 상황에 따라 좋은 알고리즘의 기준이 달라질 수 있기 때문이죠. 가령 '책꽂이에 뒤죽박죽 꽂혀 있는 책을 정리하기'라는 결과를 만들기 위해 100명이 책을 꽂기 시작하면 100가지 방법이 나올 수 있어요. 누군가는 제목순으로 정리할 수도 있고 누군가는 키 순서대로 꽂을 수도 있죠. 또, 표지 색깔로 책을 구분해서 정리할 수도 있어요.

즉, 가장 좋은 알고리즘은 주어진 상황에서 문제를 가장 효율적으로 해결하는 알고리즘이에요. 문제를 빨리 해결하는 게 중요한지, 자원을 최소한으로 쓰는 게 중요한지 또는 알고리즘이 단순한 게 더 중요한지 등 상황에 따라 '가장 좋은 알고리즘'의 기준이 달라질 수 있답니다.

언젠가 여러분이 직접 프로그램을 만들 때 어떤 알고리즘이 내가 만들 프로그램에 가장 적합할지 고민하게 될 거예요. 그때 반드시 '가장 좋은 알고리즘의 조건'을 기억해 주세요.

03-3

컴퓨터가 문제를 해결하게 하려면?

프로그램과 프로그래밍

어떤 문제는 주어진 알고리즘에 따라 컴퓨터가 사람보다 더 정확하고 빠르고 효율적으로 해결할 수 있습니다. 그러기 위해선 컴퓨터가 이해할 수 있는 컴퓨터 언어를 사용해야 합니다. 컴퓨터 언어로 알고리즘을 구현한 것을 프로그램이라고 합니다. 앞서 자판기로 음료를 뽑는 과정을 순서대로 나열한 것처럼 어떤 문제를 해결하는 과정을 프로그램으로 만들어 컴퓨터에 알려 주는 거죠. 이처럼 문제를 설정하고 알고리즘을 구성하고 프로그램으로 작성해 컴퓨터에 입력하는 전체 과정을 프로그래밍이라고 합니다. 요즘엔 코딩이라는 말과 혼용되기도 하죠. 이때 프로그램을 작성하기 위해 사용하는 언어를 특별히 프로그래밍 언어라고 합니다.

컴퓨터computer라는 단어는 '계산한다'라는 뜻의 라틴어 '콤퓨타레computare'에서 나왔어요. 컴퓨터의 시초는 기계식 계산기랍니다. 더하기, 빼기를 하는 바로 그 계산기요. 컴퓨터는 숫자를 계산해요. 특히 0과 1로 된 숫자를요. 그러면 우리는 컴퓨터가 잘 알아들을 수 있도록 0과 1로 말을 건네야겠죠? 이것을 기계어라고 합니다. 그중에서도 0과 1로만 이루어진 언어를 이진 코드binary code라고 해요.

그런데 이진 코드는 사람이 이해하기 어려워서 좀 더 쉬운 언어를 만들었답니다. 바로 C나 파이썬 같은 '프로그래밍 언어'를 사용하기 시작한 거죠. 사람이 이해하기 쉽게 만든 C나 파이썬 같은 언어를 '고급 언어(high-level language)'라 하고, 기계어를 '저급 언어(low-level language)'라고 합니다. 저급 언어라고 수준이 낮다는게 아니라 '기계가 더 이해하기 쉽다'라는 의미입니다.

우리가 프로그래밍 언어를 사용해 프로그램을 작성하면 '컴파일러' 또는 '인터프리터'가 기계어에 가깝게 바꿔 줍니다. 쉽게 말해 컴퓨터와 사람이 소통할 수 있도록 통역사 역할을 해주는 거죠.

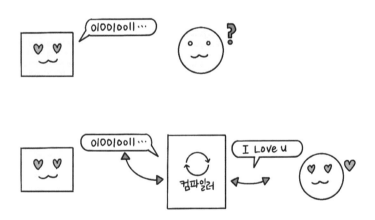

눈으로 보는 알고리즘, 순서도

프로그램을 작성하기 전에 앞에서 예를 든 음료 자판기 알고리즘을 순서도로
표현해 볼까요? 순서도는 작업의 실행 순서를 그림으로 나타낸 것이랍니다.
다음과 같은 기호를 사용해요.

구분	기호	의미
단말	 	순서도의 시작과 끝을 나타냅니다.
준비		기억 장소, 초깃값 등을 나타냅니다.
입출력		자료의 입출력을 나타냅니다.
비교·판단		조건을 비교·판단하여 흐름을 분기합니다.
처리		자료의 연산, 이동 등 처리 내용을 나타냅니다.
출력		각종 문서·서류를 출력합니다.
흐름선	→	처리의 흐름을 나타냅니다.
연결자		다음으로 처리할 곳과 연결합니다.

순서도의 기호

이 기호를 이용해 앞서 살펴본 음료 자판기의 순서도를 그려 본다면 다음과
같습니다.

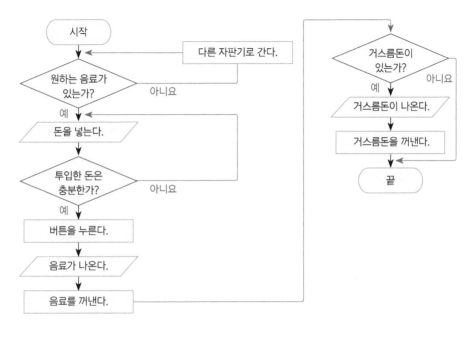

음료 자판기의 순서도

순서도는 어디까지나 알고리즘을 눈으로 보고 쉽게 이해할 수 있도록 만든 것이므로 나만의 알고리즘을 만들어 새롭게 그려 볼 수 있어요. 프로그램 코드를 작성하기 전에 순서도를 그려 보면 생각을 정리하는 데 큰 도움이 됩니다.

 생각하기 내 주변엔 어떤 알고리즘이 숨어 있을까?

알고리즘은 주어진 문제를 논리적으로 해결하는 일련의 방법 또는 절차를 순서대로 나열한 것이라고 정리할 수 있습니다. 앞서 우는 아이를 달랠 때, 햄버거를 만들 때, 자판기에서 음료를 뽑을 때처럼 우리 일상에선 어떤 과정을 또 알고리즘으로 만들 수 있는지 둘러보고 순서도를 그려 보세요.

73

03-4

머신러닝이란?

프로그래밍과 머신러닝의 차이

머신러닝을 우리말로 기계 학습이라고 합니다. 기계를 학습시켜 어떤 결정을 내리거나 예측을 하도록 하는 거죠. 프로그래밍과 비슷하게 보이지만, 둘은 엄연히 다릅니다. 프로그래밍이 컴퓨터에 데이터와 알고리즘을 입력해 원하는 결과를 출력하는 거라면, 머신러닝은 컴퓨터에 데이터와 원하는 결과를 입력해 문제를 해결할 최적의 알고리즘을 찾아내는 것이라고 할 수 있습니다. 정리하자면 프로그래밍은 결과를 얻기 위한 것이고, 머신러닝은 알고리즘을 얻기 위한 것입니다.

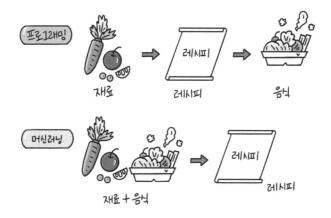

프로그래밍과 머신러닝의 차이

라면을 끓이는 방법을 예로 들어 볼까요? 라면을 가장 맛있게 끓이는 방법은 무엇일까요? 물론 사람마다 입맛도 다르고 취향도 다르지만 보편적으로 선호하는 맛을 내는 방법은 바로 라면 포장지 뒤에 쓰여 있는 조리법을 정확히 지켜서 끓이는 것입니다. 이 조리법은 라면의 맛을 연구하는 실험실에서 제안한 방법이니까요. '맛있는 라면'이라는 목적에 도달할 때까지 재료나 조리법을 조금씩 바꿔 가며 끊임없이 시도하고 실패하는 과정을 거쳐 최적의 방법을 찾아낸 거죠.

하지만 앞서 말했듯이 입맛은 사람마다 다릅니다. 라면 포장지에 쓰여 있는 조리법이 많은 사람의 입맛을 만족시키지만 누군가에겐 좀 부족하게 느껴질 수 있어요. 그러면 물의 양을 조절하거나, 끓이는 시간을 다르게 하거나, 다른 재료를 넣어 보는 등 여러 가지 방법을 시도해 자신의 입맛에 꼭 맞는 조리법을 찾게 되죠. 이것이 바로 머신러닝이 데이터와 결과물을 가지고 최적의 알고리즘, 즉 조리법을 찾는 과정입니다. 이를 가리켜 우리는 '기계가 학습한다'라고 표현합니다.

기계가 데이터를 학습하는 과정

어떤 문제든 해결하려면 절차가 필요하다고 했던 것 기억하나요? 목적을 달성하기 위한 절차가 알고리즘이고, 이 알고리즘을 기획하고 프로그래밍 언어로 구현하는 과정이 프로그래밍이었어요. 기계가 학습하는 데도 절차가 필요합니다.

1단계(문제 정의): 먼저 해결할 문제가 무엇인지 정의합니다.
2단계(데이터 수집): 문제를 해결하는 데 필요한 데이터를 수집합니다.
3단계(데이터 전처리): 수집한 데이터를 학습에 사용할 수 있도록 다듬습니다.
4단계(모델 학습 방법 선택 & 학습): 문제 해결에 적합한 모델을 구성하고 주어진 데이터를 사용해 모델을 학습시킵니다.
5단계(모델 평가 & 재학습): 모델이 잘 학습했는지 평가합니다. 학습이 잘 되지 않았다면 데이터를 점검하거나 다른 학습 방법을 시도합니다.
6단계(머신러닝 모델 제작 & 배포): 머신러닝 모델을 제작하고 배포합니다. 그리고 실제 데이터를 넣어서 분류, 예측 작업 등을 수행합니다.

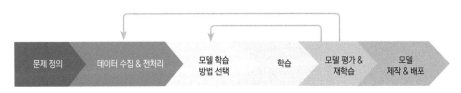

머신러닝 모델 제작 6단계

앞서 기계가 데이터를 학습한 다음 '모델'을 완성한다고 했어요. 그렇다면 이 모델이 무엇일까요? 예를 들어 라면을 한 번도 끓여 본 적이 없는 사람이 있다고 가정해 볼게요. 라면을 끓여 본 적이 없어도 라면, 냄비, 물, 불이 필요하다는 것은 알고 있습니다. 그리고 절차도 대략 알고 있어요.

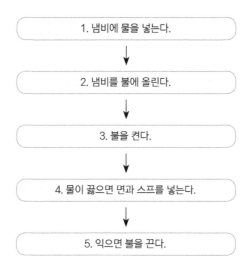

1. 냄비에 물을 넣는다.

↓

2. 냄비를 불에 올린다.

↓

3. 불을 켠다.

↓

4. 물이 끓으면 면과 스프를 넣는다.

↓

5. 익으면 불을 끈다.

이렇게 문제를 해결할 절차를 대략 세우는 것을 '문제 해결에 적합한 모델을 구성한다'라고 합니다. 하지만 물을 얼마나 넣어야 할지, 불의 세기는 얼마가 적당한지, 물이 어느 정도 끓었을 때 면을 넣어야 하는지와 같은 세부 내용은 알지 못해요. 이런 것을 알아가는 과정이 바로 학습입니다.

여기에 입맛에 딱 맞는 맛있는 라면을 끓이려면 여러 번 시도해야하죠. 물을 적게 또는 많이 넣어도 보고, 다른 재료도 넣어 보면서요. 이렇게 라면을 끓이는 구체적인 절차(조리법)를 찾으면 그것이 바로 학습한 결과로 나온 머신러닝 모델입니다. 이 조리법을 친구나 SNS에 공유하기도 하겠죠? 이렇게 공유하는 것을 배포한다고 합니다.

03-5

머신러닝과 알고리즘

기계를 학습시키려면 우선 많은 데이터가 필요해요. 데이터는 글자, 사진, 영상 등 다양한 형태가 있지만 컴퓨터는 오로지 0과 1만 이해할 수 있어요. '맛있다', '맛없다'를 구분하는 것도 숫자로 표현해야 이해할 수 있죠.

예를 들어 라면에 대한 데이터를 기계에 학습시키고 맛있는 라면의 조리법을 뽑아 달라고 요청한다면 '맛있다'라는 것을 수치화해 기계가 맛있는 정도를 구분하고 표현할 수 있도록 도와야 합니다. 여기서 우리가 목표로 하는 맛의 정도는 목푯값target이 됩니다. 그리고 라면을 끓이는 데 필요한 재료의 양이나 조리 시간 등도 수치화하는데 이것이 특성feature입니다. 예를 들면 면발의 탄력, 마늘의 양, 매운 정도 등을 특성으로 뽑아낸 다음 그 값을 수치화합니다.

어렵게 느껴질 수 있지만 결론은 간단합니다. 컴퓨터는 모든 데이터를 숫자로 이해한다는 겁니다. 숫자, 글자, 사진 그리고 영상까지 모든 데이터가 수치화되죠. 이렇게 수치화된 데이터를 최대한 많이 모았다면 이제 학습을 시켜야겠죠?

해결하려는 문제나 데이터의 특성에 따라 다른 알고리즘을 사용할 수 있어요. 그 전에 머신러닝 알고리즘에는 어떤 유형이 있는지 알아 두어야 해요. 머신러닝에는 알고리즘이 정말 많은데요. 이 알고리즘들은 크게 비지도 학습, 지도 학습, 강화 학습으로 분류할 수 있습니다. 각 학습 알고리즘의 특징은 무엇이고 어떻게 다른지 하나씩 살펴보겠습니다.

비지도 학습

다음 동물 중 rodent를 찾아보세요. rodent가 뭔지 모르겠다고요? 그럼 그냥 찍어 보세요.

이 중 'rodent'는 무엇일까요?

저는 ❶이 rodent인 것 같아요. 왜냐하면 귀엽잖아요. 집안에서 키울 수도 있고요. ❸인 것 같기도 해요. 동물원에 가야만 볼 수 있는 동물이니까요. 아닌가? ❹일지도 몰라요. rodent가 뭔진 모르겠지만 동물의 특성에 따라서 나눠볼 수 있을 것 같아요. '가정에서 많이 키우는 동물'로 나누면 [❶]과 [❷, ❸, ❹]로 나눌 수 있어요. 그런데 많지는 않지만 집에서 다람쥐를 키우는 사람도 있으니 [❶, ❹]와 [❷, ❸]으로 나눌 수도 있겠네요. '동물원에서만 볼 수 있는 동물'로 나누면 [❸]과 [❶, ❷, ❹]로 나눌 수도 있고요. '나무를 타는 동물'로 나누면 [❹]만 따로 남겠죠. 이렇게 rodent가 무엇인지는 모르지만 동물의 특징만으로 둘 또는 그 이상의 무리로 나누는 것을 비지도 학습unsupervised learning 이라 합니다.

가정에서 키우는 동물

동물원에서 볼 수 있는 동물

나무를 타는 동물

데이터의 특징에 따라 군집화하는 비지도 학습

앞서 rodent라는 단어가 뭔지 모르는 상태에서 동물을 나눈 것처럼 비지도 학습은 목푯값이 없는 상태, 즉 정답을 모른 채 데이터에서 특성을 뽑아내고 특성이 비슷한 것끼리 나눕니다. 즉, 비지도 학습은 데이터 사이의 연관성이나 비정상 데이터를 찾을 때 주로 사용하는 학습 알고리즘입니다.

지도 학습

혹시 앞에서 낸 문제의 정답을 찾았나요? 이제 정답을 알려 줄게요. 정답은
❹입니다. rodent는 '설치류'를 의미합니다. 표준국어대사전에서 설치류를
찾아보면 다음과 같이 나와요.

> *"포유강의 한 목을 이루는 동물군. 송곳니는 없고,*
> *앞니와 앞어금니 사이에 넓은 틈이 있다.*
> *보통 발가락이 5개이지만 앞발의 엄지발가락이*
> *흔적만 남아 있거나 없는 것이 많다."*

이 설명에 딱 들어맞는 다람쥐, 햄스터 등이 설치류에 속하죠. 그러면 여기서
문제를 하나 더 낼게요. 강아지는 rodent일까요, 아닐까요? 맞아요. 강아지는
rodent가 아닙니다. 이렇게 정답을 아는 상태에서 학습하는 것이 바로 지도 학
습supervised learning입니다.

이런 문제를 풀 때 우리는 정답과 관련된 레이블label이라는 것을 만들어요. 레
이블은 여러 대상을 분류하거나 구분하는 태그 같은 역할을 해요. 여기에서는
rodent를 찾아내야 하니까 [rodent가 맞음], [rodent가 아님]이라는 레이블
을 만들 수 있겠죠. 그리고 각 데이터에 레이블을 붙여 줍니다.

레이블에 맞춰 나눈 데이터

그런 다음 데이터와 레이블(정답)을 함께 학습시킵니다. 그러면 새로운 동물을 제시했을 때 [rodent가 맞음] 레이블에 속하는지 [rodent가 아님] 레이블에 속하는지 판단할 수 있어요. 이것을 분류라고 합니다. 이렇게 2가지로 레이블을 나누는 것을 이진 분류라고 부릅니다.

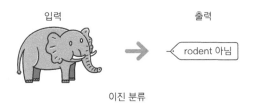

이진 분류

입력 데이터의 레이블을 3가지 이상으로 분류하는 것은 다중 분류라고 불러요.

다중 분류

또 다른 예를 살펴볼까요? 여러분의 키는 얼마인가요? 골고루 잘 먹고 꾸준히 운동하면 키가 큰다고 하지만 유전적 요소를 아예 무시할 수는 없겠죠. 그렇다면 부모의 키로 아이가 얼마나 자랄지 예측하는 것도 가능할까요? 친척의 키까지 안다면 예측 정확도가 더 높아질까요? 식습관과 운동량 데이터가 있다면 결과가 어떻게 달라질까요?

이렇게 키에 영향을 주는 요소가 특성feature 또는 속성이 되고, 키가 목푯값target이 됩니다. 목푯값은 타깃target, 클래스class, 레이블 또는 라벨label이라고도 합니다. 모두 정답을 의미합니다.

지도 학습에는 크게 두 종류가 있습니다. 분류와 회귀입니다. 먼저 분류란, 데이터를 구분할 명확한 기준이 있어서 레이블을 붙일 수 있는 것을 뜻합니다. 앞서 rodent가 맞는 것과 아닌 것을 구분하는 것처럼요. 반면 회귀는 결과로 연속형 수치가 나올 수 있는 것을 뜻합니다. 예를 들어 사람의 키와 몸무게 데이터로 "키가 170cm인 남자는 몸무게가 62kg일 것이다."라고 예측한다면 이는 몸무게 62kg을 예측하는 회귀입니다. 이때 키는 특성, 몸무게는 목푯값이 됩니다. 이렇게 학습하려면 키(특성)-몸무게(목푯값)가 쌍을 이루는 데이터가 많이 필요합니다. 주어진 데이터로 학습한 다음 경향성, 즉 기울어지는 방향을 찾으면 새로운 데이터를 입력했을 때 그 방향에 맞는 대답을 출력할 수 있는 것입니다. 이처럼 분류나 회귀 모두 정답이 있는 데이터로 학습하기 때문에 지도 학습에 속합니다.

강화 학습

여러분은 이제 "다음 동물 중 rodent는?"이라는 문제가 나오면 틀리지 않을 자신이 생겼을 거예요. 그렇다면 새로운 문제를 내볼게요. 코끼리는 rodent일까요? 참새는요? 햄스터는 어떨까요? 코끼리가 rodent라고 생각했다면 −1점입니다. 참새도 마찬가지죠. 햄스터가 rodent라고 생각했다면 +1점을 드릴게요.

혹시 눈치챘나요? 이번 문제에선 오답은 −1점, 정답은 +1점을 받으면서 rodent가 무엇인지 자연스럽게 알게 됐어요. 이게 바로 강화 학습reinforcement learning입니다. 마치 게임처럼 보상을 주어 자연스럽게 학습하는 방식이죠.

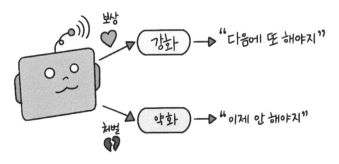

보상을 통해 상은 최대화, 벌은 최소화하는 방향으로 학습하는 강화 학습

사실 강화 학습은 그리 낯선 학습 방식이 아닙니다. 어린 시절을 떠올려 볼까요? 흙을 가지고 놀다가 어른이 "지지"라고 하면 더 놀고 싶어도 꾹 참고 손을 털었을 거예요. 이를 잘 닦아서 칭찬 스티커를 받으면 더 열심히 이를 닦았죠. 우리는 어른이 칭찬하는 행동은 더 열심히 하고 꾸중하는 행동은 하지 않으면서 생활 습관을 길러 왔어요. 즉, 우리 역시 강화 학습 방식으로 학습해 온 거예요. 실제로 강화 학습은 행동심리학에서 영감을 받아 만들어진 학습 알고리즘이랍니다. 주어진 환경을 기반으로 보상을 하면 결과를 긍정적으로 인식하고 행동을 강화하는 방식이죠. 이때 행동을 수행하는 주체를 에이전트 agent라고 불러요.

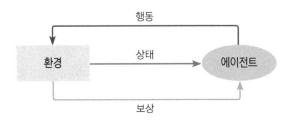

강화 학습을 가장 활발하게 사용하는 분야는 자율주행차입니다. 도로에서 운전하는 환경은 일정하지 않기 때문에 자율주행차는 운전자의 운행 방식과 센서에서 수집한 데이터로 여러 상황에서 올바르게 주행하도록 학습합니다. 이때 도로가 '환경', 자율주행차가 '에이전트'입니다.

강화 학습의 대표적인 예로 구글의 딥마인드가 개발한 알파고가 있습니다. 바둑 기사와 바둑을 두는 동안에도 알파고는 데이터를 쌓으며 학습했고 점점 더 강해졌죠.

지금까지 머신러닝 알고리즘의 유형, 즉 기계가 학습하는 방법에는 크게 비지도 학습, 지도 학습, 강화 학습 3가지가 있다는 것을 살펴보았어요. 또, 학습마다 아주 다양한 알고리즘이 포함되어 있죠. 물론 지금 모두 이해하지 않아도 괜찮아요. 앞으로 인공지능과 머신러닝, 딥러닝을 배우고 또 직접 만들어 보면서 계속 학습 방식을 고민하게 될 거예요. 특히 이 중에서 우리는 지도 학습을 가장 자주 만날 거예요.

 궁금해요! 지도 학습, 비지도 학습, 강화 학습에 어떤 알고리즘이 있나요?

지도 학습, 비지도 학습, 강화 학습은 머신러닝의 여러 알고리즘을 문제 해결 방식에 따라 크게 나누어 놓은 것이라고 했죠? 지도 학습에는 선형 회귀linear regression, 최근접 이웃 k-NN, 나이브 베이즈naive Bayes, 의사결정나무decision tree, 서포트 벡터 머신SVM, 신경망 nseural network 등과 같은 여러 알고리즘이 있습니다.

비지도 학습에는 k-평균k-means, 계층적 군집 분석HCA, 주성분 분석PCA, 데이터 간의 연관성을 찾는 어프라이어리apriori 등의 알고리즘이 있습니다. 딥페이크를 만드는 생성적 적대 신경망GAN과 같은 알고리즘은 비교적 최근에 개발된 것입니다.

만일 머신러닝을 좀 더 깊이 공부하고 싶다면 관련 자료를 찾아보세요. 하지만 그 전에 프로그래밍 실력을 어느 정도 갖추어야 합니다.

03-6

딥러닝이 뭐예요?

인간의 두뇌를 모방한 인공 신경망

인공지능이 '인간처럼 행동하는 기계'였다면 '인공지능이 스스로 학습'한다는 개념이 더해진 것이 머신러닝입니다. 그렇다면 딥러닝은 무엇일까요?

딥러닝은 머신러닝의 한 방법으로, 우리 뇌의 특성인 신경망의 구조를 본떠 만든 인공 신경망 구조로 학습하는 방식입니다. 신경망이란, 인간 뇌의 생물학적 특성인 신경 세포, 즉 뉴런neuron의 연결 구조를 말합니다. 인간의 뇌에는 약 천억 개의 뉴런이 있습니다. 하나의 뉴런이 다른 뉴런으로부터 신호를 받으면 또 다른 뉴런에 전달하는 방식으로 문제를 인식하고 처리합니다. 이런 전달 방식을 컴퓨터로 처리할 수 있도록 구현한 것이 인공 신경망artificial neural network입니다.

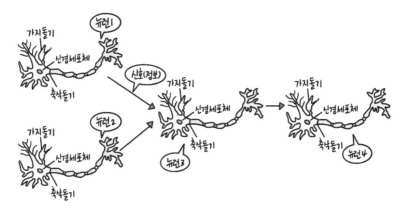

뉴런의 연결 방식을 본딴 인공 신경망

인공 신경망에서는 이렇게 여러 입력을 처리해 하나의 결과로 출력하는 것을
하나의 단위로 묶어 퍼셉트론perceptron이라고 합니다. 다음 그림과 같이 입력층
이 1개, 출력층이 1개인 경우는 단층 퍼셉트론single layer perceptron이라 합니다.

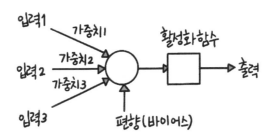

단층 퍼셉트론의 구조

하지만 단층 퍼셉트론만으로는 복잡한 문제를 해결하는 데 한계가 있습니다.
그래서 여러 퍼셉트론을 연결해 입력층, 은닉층, 출력층으로 만들어 사용합니
다. 입력층을 통해 학습할 데이터를 입력받으면 은닉층을 통과하고 다시 출
력층을 거쳐 최종 결과를 출력합니다. 이렇게 신경망을 3층 이상으로 쌓아 다

층 구조로 설계해 학습에 사용하는 것이 바로 **다층 퍼셉트론**multi layer perceptron 입니다. 이렇게 해서 초기 인공 신경망이 해결하지 못한 문제를 해결할 수 있었습니다.

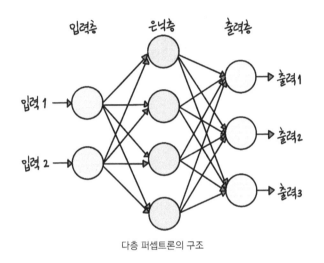

다층 퍼셉트론의 구조

여러 층 깊게 쌓여 있다는 의미로 **심층 신경망**DNN, deep neural network이라 하고, 은닉층이 2개 이상인 심층 신경망을 학습시키는 것이 바로 **딥러닝**deep learning 입니다. 은닉층은 말 그대로 숨어 있는 층이라는 의미예요. 안에서 어떤 동작이 일어나는지 들여다보기 어렵죠. 하지만 이 은닉층이 많을수록, 즉 층을 깊게 할수록 더 복잡한 문제를 해결할 수 있습니다. 하지만 은닉층과 뉴런을 너무 많이 두면 계산량이 어마어마하게 많아지므로 학습 시간이 오래 걸립니다. 그리고 세세한 요소에 집중해서 오히려 쉬운 문제를 풀지 못하는 과적합이 발생할 수 있습니다.

인공 신경망이 어떻게 동작하는지 궁금하다면 텐서플로 플레이그라운드(playground. tensorflow.org)에서 눈으로 직접 확인할 수 있습니다. 사이트에 접속하면 [FEATURES], 특성이 X₁, X₂로 설정되어 있고 [HIDDEN LAYERS]에는 은닉층도 2개로 설정되어 있습니다. 출력값도 2개가 되어 주황색 점과 파란색 점으로 분류하죠. 이때 왼쪽 상단에서 ▶를 누르면 왼쪽 화면에서 학습이 진행되는 과정을 볼 수 있어요.

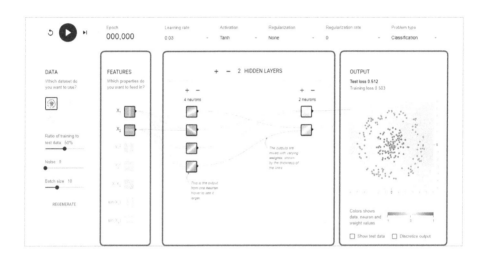

가중치와 편향 그리고 활성화 함수의 역할

머신러닝을 학습시킬 때 반드시 등장하는 중요한 개념 3가지가 있습니다. 바로 가중치와 편향 그리고 활성화 함수죠. '맛있는 라면'을 끓이는 여정을 통해 이 3가지 개념을 짚고 넘어가 보겠습니다.

① 중요한 것 먼저! 가중치

뉴런에서 다른 뉴런으로 전달되는 신호의 세기는 정보의 중요도에 따라 달라질 수 있습니다. 라면을 끓일 때는 물, 면, 분말 스프, 건더기 스프, 계란 등이 필요합니다. 그러나 이 모든 재료가 '라면'이라는 결과물을 만드는 데 똑같은 역할을 하진 않습니다. 가령 분말 스프와 건더기 스프는 넣었는데 면이 없다면 라면이라고 할 수 있을까요? 면과 건더기 스프는 넣었는데 분말 스프가 없다면요? 이처럼 재료마다 중요도, 가중치weight가 다릅니다. 뉴런도 마찬가지입니다. 중요하지 않은 정보는 낮은 가중치로 전달되거나 소멸됩니다. 가중치가 0이 될 수도 있죠.

② 원하는 결과를 만드는 약간의 변화, 편향

그렇다면 편향은 무엇일까요? 여러분은 매운 음식을 잘 먹는 편인가요? 저는 매운 것을 잘 못 먹어서 라면을 끓일 때면 늘 치즈 1개를 꼭 넣어요. 더 부드러운 국물을 원한다면 치즈를 2개 넣을 수도 있습니다. 편향bias은 마치 라면에서 마지막에 얹는 치즈 같은 역할을 해요. 더 좋은 결과, 원하는 결과가 나오도록 약간 조정해 주는 것이랍니다. 그래서 계산 끝에 편향(b)을 더합니다. 볼링이나 골프 경기에서 핸디캡을 계산하는 것도 편향을 반영한 것입니다.
여기서 중요한 것은 가중치와 편향은 사람이 입력하는 값이 아니라는 점입니다. 신경망을 학습한다는 것은 결국 가중치와 편향의 값을 찾아가는 과정입니다.

③ 활성화 함수

마지막으로 활성화 함수activation function가 무엇인지 알려 드릴게요. 우리는 계속 맛있는 라면을 끓여야 한다는 미션을 수행 중입니다. 라면이 맛있는 정도를 점수로 계산한다고 해보죠. 예를 들어 라면을 시식하고 1점부터 10점까지 점수를 매깁니다. 10점이면 가장 맛있는 라면이고 1점이면 가장 맛없는 라면인 거죠.

하지만 퍼셉트론은 사람처럼 1점, 10점과 같은 점수가 어떤 의미인지 모릅니다. 예를 들어 8점이 나오면 꽤 맛있는 라면이므로 사람은 '맛있는 라면이다'라고 이야기할 수 있지만 퍼셉트론은 그럴 수 없습니다. 이때 활성화 함수가 활약합니다.

가장 단순한 경우를 예로 들어 볼게요. 8점 이상이면 1, 8점 미만이면 0을 결과로 출력하는 활성화 함수를 추가하면 퍼셉트론이 이 함수를 거쳐 맛있는 라면은 1, 맛없는 라면은 0이라는 결과를 출력합니다. 이를 은닉층에 사용하면 다음 층으로 정보를 전달하는 정도를 결정합니다. 따라서 1인 정보는 전달되고 0인 정보는 전달되지 않죠. 하지만 이렇게 되면 정보를 잃어버릴 수 있기 때문에 중요한 정보는 큰 값을, 중요하지 않은 정보는 작은 값을 출력하는 활성화 함수를 사용합니다.

지금까지 우리는 알고리즘, 순서도, 프로그래밍, 머신러닝, 딥러닝에 대해서 알아보았습니다. 처음 공부한다면 쉬운 개념은 아니에요. 하지만 여러분 모두 여기까지 잘 따라왔습니다. 이제 직접 인공지능 실습을 하며 더 즐거운 시간을 가져봅시다.

티처블 머신으로
인공지능 만들기

삐빅-
삐빅-
삐비빅-

인공이에게
새로운 프로그램을
연결해야지...

탁
탁
탁

4장에서는 누구나 머신러닝 모델을 만들 수 있는 웹 기반 도구인 '티처블 머신'으로 나만의 인공지능을 만들어 볼 거예요. 이 장에서는 데이터 수집하기, 모델 학습시키기, 모델 평가하기 등의 머신러닝 모델을 만드는 과정을 하나씩 차근차근 살펴보겠습니다.

이 장의
목표

• 이미지 인식, 음성 인식, 동작 인식 서비스를 직접 만들 수 있어요.
• 인식 서비스를 어디에 유용하게 사용할 수 있을지 설명할 수 있어요.

단어장 레이블, 클래스, 모델, 훈련 데이터, 검증 데이터, 평가 데이터, 과소 적합,
과대 적합, 학습 모델의 성능, 에포크, 배치 크기, 학습률, 정확도, 손실

04-1

다양한 인공지능 체험하기

운전을 배울 때 자동차를 만들거나 엔진이 어떻게 작동하는지 다 알 필요가 없듯이 인공지능을 처음 시작할 때 머신러닝, 딥러닝 코드부터 작성할 필요는 없어요. 코드 작성을 위한 프로그래밍 언어는 인공지능의 개념을 어느 정도 파악한 다음에 공부해도 됩니다.

혹시 그림 그리기를 좋아하지만 잘 그리지 못해서 고민했던 적이 있나요? 이젠 걱정하지 마세요. 인공지능이 도와주니까요. 낙서를 인식하는 인공지능부터 대충 그린 그림도 멋지게 만들어 주는 인공지능 등 이미지 관련 인공지능의 종류만 해도 무척 다양하답니다. 그럼 이런 인공지능을 한번 체험해 볼까요?

퀵드로 & 오토드로 — 그림을 인식하는 인공지능

퀵드로(quickdraw.withgoogle.com)는 구글에서 머신러닝 연구를 위해 만든 낙서 인공지능입니다. 이 사이트에서 여러분이 즐겁게 낙서하면 인공지능은 낙서한 데이터를 수집하고, 수집한 데이터를 이용해 인공지능 모델의 성능을 더 좋게 만듭니다.

퀵드로를 사용하는 방법은 게임처럼 간단합니다. 먼저 퀵드로가 단어를 제시합니다. 가령 '컵' 또는 '코끼리' 같은 단어죠. 그럼 그 단어에 맞는 사물이나 동물을 20초 안에 그리면 됩니다. 그림을 그리는 동안 인공지능이 여러분이 그린 그림이 무엇인지 찾습니다. 한번 시험해 보세요.

게임처럼 그림을 그리면서 인공지능의 성능을 높일 수 있어요.

오토드로(autodraw.com)는 그림을 잘 그리지 못하는 사람을 도와줍니다. 오토드로에 들어가면 화면을 가득 채운 캔버스를 볼 수 있어요. 여기에 원하는 그림을 대충 그리기만 해도 인공지능이 그림을 인식하고 좀 더 정교하게 완성할 수 있도록 돕습니다. 예를 들어 야구공을 삐뚤삐뚤하게 대충 그리기만 해도 캔버스 위에 비슷한 사물을 띄웁니다. 그중 원하는 그림을 클릭하면 자동으로 그림이 완성되죠. 이렇게 그린 그림은 이미지 파일로 내보내거나 공유할 수 있으니 유용하게 활용해 보세요.

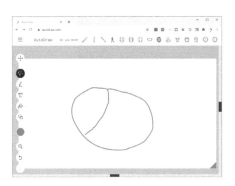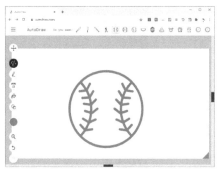

삐뚤빼뚤 선만 그어도 인식하고 원하는 그림을 그려 줘요.

딥 드림 제너레이터 & 비 더 인트루더 — 사진을 재탄생시키는 인공지능

딥 드림 제너레이터(deepdreamgenerator.com)는 구글에서 개발한 인공지능으로, 이미지 파일을 완전히 새로운 분위기로 만들어 줍니다. 카메라로 촬영한 사진이 유명 화가의 그림처럼 재탄생하기도 합니다. 사진과 사진을 섞어서 새로운 색감, 질감을 만들 수도 있어요.

딥 드림 제너레이터로 사진을 그림으로 만들어요.

사진을 영상으로 만들 수도 있어요. 비 더 인트루더(betheintruder.com)라는 인공지능 기반 얼굴 합성 기능을 이용해 얼굴이 나온 인물 사진을 업로드하면 영화의 주인공이 될 수 있습니다.

사진 한 장으로 누구나 영화의 주인공이 될 수 있어요.

칸딘스키 & 페인트 위드 뮤직 ― 음악과 미술을 접목한 예술 인공지능

구글 크롬 뮤직랩의 칸딘스키(musiclab.chromeexperiments.com/Kandinsky)는 러시아 화가 바실리 칸딘스키^{Wassily Kandinsky}로부터 영감을 받아 탄생했습니다.

원, 선, 삼각형, 곡선 등 화면에 자유롭게 그림을 그려 보세요. 그림이 곧 음악이 되는 신기한 경험을 할 거예요.

그림을 음악으로 재탄생시켜요.

칸딘스키와 비슷한 프로그램으로 구글 아트 & 컬처(artsandculture.google.
com)에서 실험한 페인트 위드 뮤직^{paint with music}도 있습니다. 말 그대로 페인
트칠을 하듯이 화면에 그림을 그리면 그림을 악보 삼아 음악을 만들어 줍니
다. 방법은 간단합니다. 배경과 악기를 선택하고 화면에 그림을 그리기만 하
면 됩니다. 여러 악기로 화음을 쌓고 멋진 음악을 만들어 보세요.

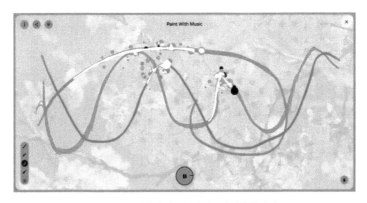

4가지 악기를 펜처럼 잡고 화면에 그리면 음악이 돼요.

구글 실험실(experiments.withgoogle.com)에서는 사람들이 다양한 도구를 사용해서 새로운 실험을 할 수 있도록 영감을 주는 프로젝트를 2009년부터 소개하고 있습니다. 이 실험실에서는 인공지능과 코딩, AR/VR, 예술과 문화, 사회적 약자를 위한 발명 등 다양한 주제를 다룹니다. 프로그램 코드까지 올려놓은 프로젝트도 있어서 여러분이 직접 구현해 볼 수도 있습니다.

세미-컨덕터 & 스크루블리 ― 동작 인식 인공지능

작곡을 해봤다면 이제 지휘도 해볼까요? 세미-컨덕터(semiconductor.withgoogle.com)라면 여러분도 오케스트라를 지휘할 수 있습니다. 단, 이 인공지능을 체험하려면 웹캠이 필요합니다. 카메라로 사람의 팔 동작을 인식해야 하기 때문이죠. 카메라를 켰다면 팔을 움직여 연주하는 곡의 빠르기와 소리의 크기 그리고 악기를 변경할 수 있습니다.

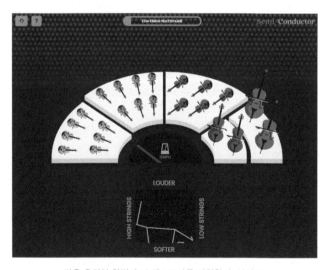

팔을 움직여 화면 속 오케스트라를 지휘할 수 있어요.

화면 속 아바타가 내 몸짓을 그대로 따라 하게 할 수도 있습니다. 스크루블리 (scroobly.com)는 카메라로 얼굴, 팔, 다리 등 몸 전체 움직임을 인식해 아바타가 그대로 따라서 움직이게 합니다. 또, 원하는 대로 캐릭터를 만들고 꾸밀 수도 있으니 나만의 아바타를 만들고 움직여 보세요.

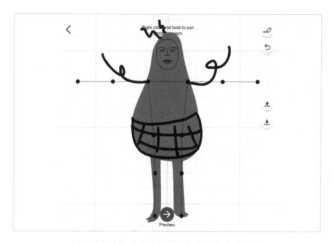

사람의 동작을 인식해 아바타를 움직일 수 있어요.

애저 코그니티브 — 얼굴 인식 인공지능

마이크로소프트의 애저 코그니티브 서비스(azure.microsoft.com/services/ cognitive-services/face)는 인물 사진을 2장 올리면 얼굴의 특징을 추출해 분석하고 두 사진 속 인물이 같은지 판별합니다. 얼마만큼 유사한지에 대한 신뢰도 점수도 제공합니다. 스마트폰 잠금을 해제할 때 사용하는 페이스 아이디와 같은 분야에 활용할 수 있는 기술로, 30일간 무료로 체험할 수 있답니다.

얼굴을 인식하고 특징을 추출할 수 있어요.

04-2

인공지능 만들기 전
알아 두기

지금까지 그림, 음악, 영상 그리고 얼굴 인식까지 누군가 만들어 둔 인공지능을 체험해 보았습니다. 어떤가요? 더 적극적으로 인공지능을 알아보고 싶은 마음이 생겼나요? 이제 나만의 인공지능을 직접 만들어 볼 텐데 데이터를 일일이 수집하고, 알고리즘을 구성하고, 코드를 입력하고, 프로그램을 만드는 등 복잡한 과정을 거치진 않을 거예요. 우리는 구글이 만들어 둔 티처블 머신 teachable machine을 이용해 좀 더 쉽게 인공지능을 만들 거예요.

지금부터는 티처블 머신을 이용해 이미지를 분류하고 소리를 식별하고 동작을 인식하는 3가지 인공지능을 만들어 볼 거예요. 이 과정을 통해 머신러닝이 동작하는 방식과 용어를 제대로 알게 될 것입니다. 완성한 인공지능은 웹 사이트에 올려 다른 사람과 공유할 수도 있고 스마트폰 앱으로 만들 수도 있습니다. 다만 이 3가지 인공지능을 만들려면 웹캠과 마이크가 필요하니 미리 준비해 두세요.

티처블 머신으로 인공지능을 만들기 전에 머신러닝이 '인식'한다는 게 어떤 것이고 모델은 무엇인지, 또 데이터는 어떻게 수집하는지 등을 하나씩 살펴보겠습니다.

머신러닝은 세상을 어떻게 '인식'할까?

우리가 눈, 코, 피부 등으로 무언가를 인식하고 판단하는 것처럼 머신러닝도 데이터의 특징을 인식하여 판단을 내릴 수 있습니다. 그 덕분에 04-1 다양한 인공지능 체험하기에서 살펴본 여러 인공지능이 이미지 인식, 음성 인식, 텍스트 인식, 동작 인식, 감정 인식 등을 할 수 있었죠.

여기서 '인식한다'는 것은 단지 '사물이 있다', '소리가 난다'와 같은 단순한 인식을 의미하지 않습니다. 예를 들어 동그란 물체를 발견했을 때 이것이 풍선인지 사람의 얼굴인지 아니면 폭탄인지 구별하는 수준으로 인식하는 것을 의미합니다. 여기서 더 나아가 사람이 웃는지 우는지를 인식하는 것도 포함시킬 수 있습니다. 우는 얼굴이라면 위로의 말을 하거나 눈물을 닦을 휴지를 건넬 수도 있겠죠?

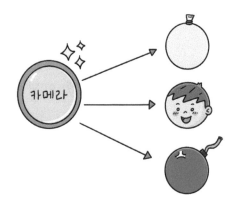

머신러닝은 사물의 형태뿐만 아니라 세부적인 것까지 인식해요.

문제를 정의한다는 것은 무엇일까?

인공지능을 만드는 과정은 요리할 때 어떤 음식을 만들까 생각하는 것과 비슷합니다. 메뉴를 정하지 못하면 어떤 재료가 필요한지, 어떤 순서로 만들어야 할지도 알 수 없을 테고, 어쩌어찌 완성했다 한들 맛도 없을 거예요.

인공지능도 마찬가지입니다. '우는 아기를 달래는 인공지능'을 만든다면 먼저 '우는 아기를 달래고 싶다'는 해결하고 싶은 문제가 있어야겠죠. 우리가 가장 먼저 해야 할 일은 인공지능을 이용해 어떤 문제를 해결하고 싶은지 정의하는 것입니다. 즉, 문제를 정의한다는 것은 목표를 세우는 것과 비슷해요.

모델 훈련에 필요한 데이터는 어떻게 수집할까?

문제를 정의했다면 문제를 해결하기 위한 재료, 즉 데이터를 수집해야겠죠. 그리고 이 데이터로 모델을 훈련시킵니다. 모델을 훈련시킨 다음에는 모델이 잘 훈련되었는지 확인하죠. 훈련시킨 모델의 결과가 만족스러우면 최종으로 그 모델을 실전에 사용합니다. 여기서 무엇보다 중요한 것은 데이터의 품질입니다. 02장에서 좋은 인공지능을 만들기 위해서는 좋은 데이터가 필요하다고 했었죠? 좋은 재료를 사용하면 더 맛있는 음식이 만들어지듯이 좋은 데이터를 수집할수록 훈련 결과도 더 잘 나올 거예요.

이 책에서 우리가 만들 인공지능에 필요한 데이터는 웹캠(또는 이미지 파일)과 마이크(또는 사운드 파일)로 수집할 것입니다. 이렇게 데이터를 수집하는 장치를 센서sensor라고 합니다. 센서를 활용하면 우리 주변의 말소리, 움직임과 같은 아날로그 정보도 0과 1로 이루어진 디지털 정보로 수집할 수 있죠.

궁금해요! 인공지능을 만들기 위한 데이터에도 역할이 있다?

인공지능을 만들기 위해 모은 전체 데이터를 가리켜 데이터세트^{dataset}라고 합니다. 데이터세트는 크게 2가지로 나눌 수 있습니다. 학습할 때 사용할 훈련 데이터^{training data}와 학습을 잘했는지 테스트할 때 사용할 평가 데이터^{test data}입니다. 수집한 데이터에서 일정 부분은 훈련 데이터로, 나머지는 평가 데이터로 쓰입니다.

이렇게 데이터를 나누는 이유는 모델이 학습하고 난 후 학습이 잘되었는지 검증해야 하기 때문입니다. 예를 들어 시험을 치기 전에 학습하기 위해 푸는 80%의 문제를 훈련 데이터, 시험을 치면서 푸는 20%의 문제를 평가 데이터라고 생각하면 쉽게 이해할 수 있을 거예요. 공부할 때 사용한 문제를 시험 볼 때 낸다면 진짜 실력을 평가할 수가 없기 때문에 평가 데이터는 훈련에 사용하지 않은 새로운 데이터를 사용합니다.

훈련 데이터 중 일부는 다시 검증 데이터로 나뉩니다. 검증 데이터는 단원 평가 문제와 비슷해요. 문제집에서 각 단원의 문제들을 풀어 보고 마지막에 단원 평가 문제로 스스로 확인한 뒤 부족한 부분은 더 공부하는 것과 같아요. 이쯤 되니 데이터가 많으면 왜 좋은지도 이해가 되죠?

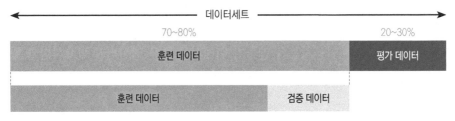
데이터세트를 훈련 데이터와 평가 데이터로 나눈 상태

훈련 데이터와 검증 데이터, 평가 데이터의 비율은 때에 따라 다르게 정해요. 데이터의 수가 적다면 훈련하는 데 많이 사용하고, 데이터 수가 아주 많다면 평가하는 데에도 많이 사용할 수가 있겠죠.

모델을 구성하여 학습시킨다는 것은 무엇일까?

모델이 학습하려면 몇 가지 절차를 거쳐야 하는데, 이 절차를 세우는 것을 '모델을 구성한다'라고 해요. 모델 구성, 모델 학습을 거쳐 완성한 시스템을 머신러닝 모델이라 부르죠. 모델 구성은 요리에서 소스를 만드는 과정과 비슷합니다. 그만큼 모델 구성은 인공지능 만들기의 핵심 과정이죠. 그런데 인공지능을 처음 배우기 시작했는데 이런 핵심 과정을 뚝딱 해낼 수 있을까요? 물론입니다. 맛집의 비법 소스를 만들 순 없어도 시판 소스를 사서 요리할 수 있는 것처럼 시판 모델을 이용하면 인공지능을 손쉽게 만들 수 있습니다.

실제로 음식에 넣는 소스는 아니지만 구글, 아마존, 마이크로소프트와 같은 대형 IT 회사는 누구나 쉽게 인공지능을 접하고 또 직접 만들 수 있도록 머신러닝 제작 도구를 제공합니다. 모델을 미리 잘 구성해 놓은 것이죠. 그중 하나가 바로 구글의 티처블 머신teachable machine입니다. 우리가 앞으로 활용할 도구죠. 머신러닝에 대한 깊은 지식이나 프로그래밍 언어를 몰라도 누구나 머신러닝 모델을 만들 수 있답니다. 게다가 무료예요.

티처블 머신 홈페이지(teachablemachine.withgoogle.com)

모델은 많이 학습할수록 똑똑해질까?

사람은 학습을 많이 할수록 똑똑해집니다. 하지만 인공지능 모델은 조금 다릅니다. 학습이 부족해도 문제지만 지나치게 많이 해도 문제죠. 모델이 학습을 너무 많이 하는 것은 예상 문제만 달달 외우는 것과 같아요. 이렇게 공부하면 시험에서 응용 문제를 풀기 힘들겠죠.

머신러닝에서는 학습이 부족한 상태를 과소 적합underfitting, 지나치게 학습을 많이 한 상태를 과대 적합 또는 과적합overfitting이라고 합니다. 그래서 모델을 학습시킬 때는 적당한 것이 매우 중요합니다. 다시 말해 과소 적합 또는 과대 적합에 빠지지 않고 적당하게 학습한 모델의 성능이 좋습니다.

적당히라니! 참 어려운 말이죠? 적당히 학습했다는 것은 어떻게 알 수 있을까요? 머신러닝에서는 학습 수준을 성능이라 부르고, 이 성능은 검증을 위한 데이터로 평가합니다. 검증 데이터로 가장 좋은 성능을 보일 때까지 모델을 학습시키면 되는 것이죠. 다만 얼마만큼 학습시켜야 가장 좋은 성능을 내는지 판단하기란 쉽지 않습니다. 성능이 100%로 나오는 완벽한 머신러닝 모델은 없거든요.

아마 이 정도 설명으로는 적당히 학습시킨다는 게 어떤 뜻인지 쉽게 와닿지 않을 겁니다. 예를 들어 원과 마름모라는 2가지 도형을 분류하는 머신러닝 모델이 있다고 가정해 보겠습니다. 이 모델이 구분해야 하는 원과 마름모의 분포는 다음과 같습니다.

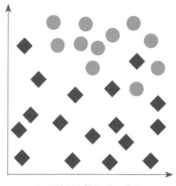

모델이 분류할 원과 마름모

이때 모델이 다음과 같이 원과 마름모를 느슨하게 분류하면 과소 적합된 상태라고 합니다. 다음 그래프에서 분홍색 선이 모델입니다. 이렇게 곧은 선은 원과 마름모를 제대로 구분할 수 없습니다.

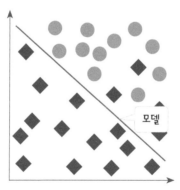

모델

학습이 부족해서 제대로 분류하지 못하는 모델

계속해서 다른 모델도 볼까요? 다음은 적당히 학습한 모델과 지나치게 많이 학습한, 즉 과대 적합 상태인 모델을 보여 줍니다.

107

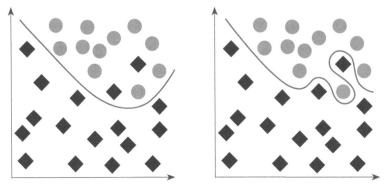

적당히 학습한 모델(왼쪽)과 지나치게 많이 학습한 모델(오른쪽)

적당히 학습한 모델은 원과 마름모를 대부분 분류했습니다. 100% 완벽하게 분류하진 못했지만요. 그리고 지나치게 많이 학습한 모델은 완벽하게 학습한 나머지 선이 구불구불한 것을 볼 수 있습니다. 이렇게 선이 구불구불하면 원과 마름모의 배치가 조금이라도 바뀌면 잘 분류하지 못할 것입니다. 이처럼 가장 좋은 모델은 적당히 학습한 모델입니다.

04-3

이미지 프로젝트
― 사진을 분류하는 인공지능

✅ 시작하기 전 체크!

- **목표:** 3가지 손 모양(가위, 바위, 보)을 분류할 수 있는 분류기를 만들어 봅니다.
- **준비물:** 웹캠 또는 이미지 파일(가위, 바위, 보 사진 각 10장, 손 모양을 인식할 수 없는 배경 사진 10장)

※ 주의 사항: 티처블 머신은 크롬 브라우저에 최적화되어 있습니다. 브라우저는 크롬을 사용할 것을 권장합니다.

지금부터 우리는 티처블 머신을 이용해 인공지능을 만들어 볼 거예요. 티처블 머신에서는 이미지, 오디오 그리고 포즈를 이용한 3가지 프로젝트로 인공지능을 만들 수 있어요. 그중 이미지 프로젝트로 3가지 손 모양을 구분하는 인공지능을 만들어 보겠습니다.

이미지 분류 모델을 만들어 볼까요?

이미지 프로젝트 시작하기

1. 크롬 브라우저를 실행하고 티처블 머신 홈페이지(teachablemachine. withgoogle.com)로 이동합니다. 메인 화면에서 [시작하기]를 누르고 3가지 프로젝트 중 [이미지 프로젝트]를 선택합니다.

2. [새 이미지 프로젝트] 창에서 [표준 이미지 모델]을 선택하면 프로젝트 페이지로 이동합니다. 바로 이 페이지에서 모델을 완성하기까지 모든 단계가 진행될 거예요.

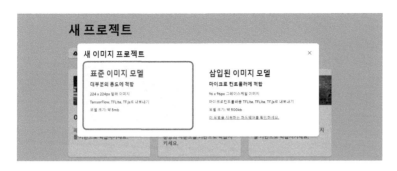

실수로 이 화면이 있는
브라우저를 종료하지
않도록 주의하세요!

3. 학습에 필요한 정답 레이블을 티처
블 머신에서는 클래스라고 부릅니다.
처음 생성된 클래스는 Class 1, Class
2라는 이름이 붙어 있습니다. Class 1
이라는 글자를 클릭하고 '가위'로 변경
해 주세요. Class 2는 '바위'로 변경합
니다.

4. 새 클래스를 만들려면 클래스 맨 아래에서 [클래스 추가]를 클릭하세요. 세 번째 클래스는 '보'로 변경하고 또 클래스를 하나 더 추가한 다음 '배경'으로 바꿔 주세요. 이렇게 총 4개의 클래스를 만듭니다.

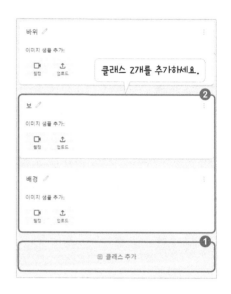

가위, 바위, 보 이미지 데이터 수집하기

1. 이제 준비해 둔 이미지 파일(가위, 바위, 보, 배경 각 10장)을 업로드하거나 웹캠으로 바로 촬영해서(가위, 바위, 보, 배경 각 100장) 데이터를 수집할 거예요. 저장해 둔 파일은 컴퓨터 또는 구글 드라이브에서 불러올 수 있습니다. 클래스마다 데이터 개수는 비슷한 게 좋아요. 한 클래스에만 데이터가 많거나 적으면 학습이 제대로 되지 않을 수 있습니다. 웹캠을 이용해 촬영하려면 [웹캠]을, 파일을 업로드하려면 [업로드]를 클릭하세요.

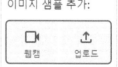

112

웹캠을 선택했을 때

업로드를 선택했을 때

 궁금해요! 웹캠은 어떻게 설정하나요?

웹캠을 설치하지 않은 상태에서 [웹캠]을 클릭하면 오른쪽과 같은 화면이 뜹니다. 웹캠이 있는데도 제대로 동작하지 않는다면 [웹캠 전환]을 클릭해 컴퓨터에 설치된 웹캠을 선택하세요(목록에 뜨는 내용은 컴퓨터마다 다를 수 있어요).

2. 가위부터 이미지 데이터를 추가해 보겠습니다. [웹캠]을 선택했다면 [길게 눌러서 녹화하기]를 원하는 만큼 클릭하거나 길게 클릭해 연속 촬영을 할 수 있습니다. 웹캠이니 마음 놓고 100장 정도 찍어 주세요. 이미지는 다양한 각도, 다양한 크기, 다양한 배경에서 찍는 게 좋습니다.

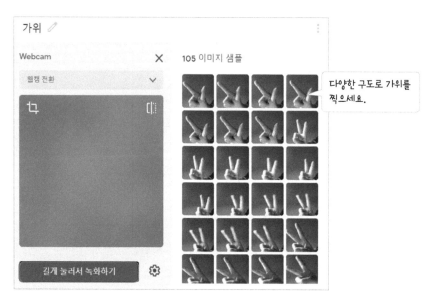

다양한 구도로 가위를 찍으세요.

3. 이제 바위 이미지를 수집해 보겠습니다. 이번에는 [업로드]로 이미지 파일을 올려 볼까요? 바위 클래스에서 [업로드]를 클릭하고 [파일에서 이미지를 선택하거나 여기로 드래그 앤 드롭하세요.]를 누르면 파일을 선택할 수 있는 창이 뜹니다. 업로드할 이미지들을 선택하고 [열기]를 클릭하세요. 이때 준비해 둔 파일 중 70%만 사용하세요. 나머지는 모델을 평가할 때 사용해야 합니다.

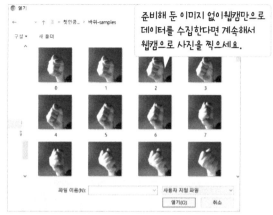

준비해 둔 이미지 없이 웹캠만으로 데이터를 수집한다면 계속해서 웹캠으로 사진을 찍으세요.

4. 같은 방법으로 보와 배경도 추가하세요. 특히 배경은 가위, 바위, 보 중 아무 것도 내지 않았을 때를 인식할 수 있는 이미지여야 합니다. 배경을 넣지 않으면 우리가 만든 머신러닝 모델은 어떤 이미지든 가위, 바위, 보 셋 중 하나에 해당한다는 결과를 보여 줄 것입니다.

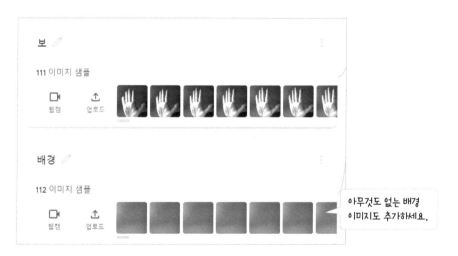

아무것도 없는 배경 이미지도 추가하세요.

이제 여러분은 학습에 데이터가 얼마나 중요한지 알고 있을 거예요. 잘못 수집한 데이터를 미리 정리해 두면 모델의 성능을 높이는 데 도움이 됩니다. 만약 잘못된 사진을 업로드했거나 촬영했다면 학습하기 전에 지울 수 있습니다. 잘못 업로드한 이미지 위에 마우스 포인터를 얹으면 이미지 왼쪽 상단에 휴지통 모양 아이콘이 뜹니다. 이 아이콘을 클릭하면 사진을 쉽게 지울 수 있어요.

만약 클래스를 통째로 제거하거나 모든 사진을 지우려면 클래스 오른쪽 상단의 ⋮ 를 클릭해 보세요. [클래스 삭제, 클래스 사용 중지, 모든 샘플 삭제, …]와 같은 여러 기능을 볼 수 있습니다. 여기에서 원하는 작업을 선택해 실행해 보세요.

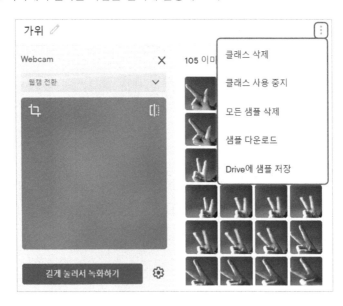

가위, 바위, 보 모델 학습시키기

1. 이미지 데이터를 충분히 수집했으면 이제 클래스 오른쪽의 [모델 학습시키기]를 클릭합니다. 학습하는 동안에는 탭을 닫거나 브라우저를 종료하면 안 됩니다.

 궁금해요! 데이터를 수집하지 않고 학습시키면 어떻게 되나요?

클래스가 빈 상태에서 [모델 학습시키기]를 클릭하면 다음과 같은 경고 화면이 뜹니다. 먼저 클래스별로 데이터를 잘 수집했는지 확인하세요.

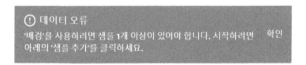

2. 학습에는 충분한 시간이 필요하므로 잠시 기다립니다. 학습이 완료되면 화면 오른쪽에 미리 보기 창이 활성화됩니다.

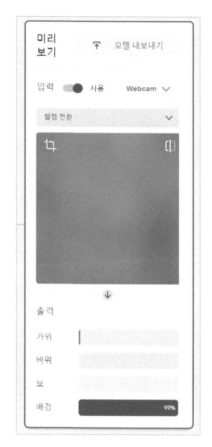

잘 만들어졌을까? 모델 평가하고 배포하기

1. 학습이 끝나면 모델을 평가하기 위해 새로운 이미지 데이터를 넣어 잘 분류하는지 살펴봅니다. 제대로 분류하지 못하면 데이터 수집 단계로 돌아가 데이터를 더 수집하고 학습하는 과정을 되풀이합니다.

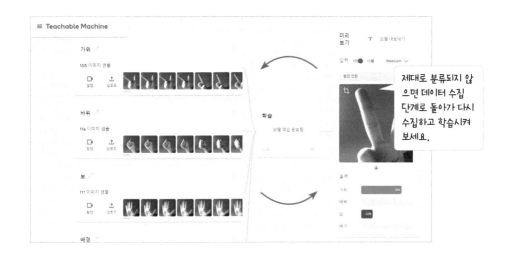

제대로 분류되지 않으면 데이터 수집 단계로 돌아가 다시 수집하고 학습시켜 보세요.

2. 이렇게 만족할 만한 결과가 나올 때까지 데이터 수집 → 학습 → 평가 단계를 반복해서 진행합니다. 앞에서 평가한 모델의 성능이 만족스럽다면 모델을 배포하면 됩니다. 모델 배포란 완성한 모델을 공유 가능한 링크나 파일 형태로 만들어 다른 사람도 사용할 수 있게 만들어 준다는 뜻입니다. 결과 화면 위쪽에 있는 [모델 내보내기]를 클릭하면 모델을 배포할 수 있습니다.

3. 모델을 내보낼 때 [업로드(공유 가능한 링크)]가 기본으로 선택되어 있으니 그대로 두면 됩니다. 그리고 [모델 업로드]를 클릭하면 웹 브라우저로 접속할 수 있는 링크(URL)가 생성됩니다. 이 링크를 통해 접속하면 누구든 우리가 만든 머신러닝 모델을 사용할 수 있습니다.

4. 공유 가능한 링크로 배포한 모델을 사용해 볼까요? 크롬 브라우저에서 새 탭을 열고 복사한 링크를 붙여 넣어 접속해 보세요. 그러면 여러분이 만든 모델이 나타날 것입니다. 이 링크만 있다면 누구나 모델을 사용할 수 있으니 함께 사용할 사람들과 공유해 보세요.

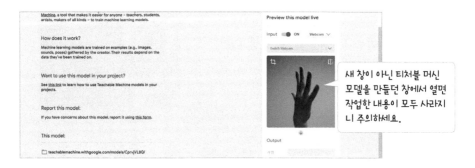

모델을 다른 프로젝트에서 사용할 수 있도록 파일 형태로 저장하기

티처블 머신에서는 내가 만든 모델을 다른 프로젝트에서 사용할 수 있는 형태로 변환하여 내려받을 수 있습니다. [모델 내보내기] 창에서 [Tensorflow.js] 탭을 선택하고 [다운로드]를 선택한 다음 [모델 다운로드]를 클릭하세요.

그러면 압축 파일(.zip) 형태로 프로젝트가 저장됩니다. 압축을 풀면 모델의 정보가 담긴 파일들이 보입니다. 이 파일들이 어떤 역할을 하는지 아직 이해하긴 어렵겠지만, 대략 어떤 파일이 있는지 간단하게 살펴보세요. 이렇게 모델을 받아 두면 새로운 프로젝트에 활용할 수도 있습니다.

tm-my-image-model.zip	이름	압축 크기	원본 크기	파일 종류
	weights.bin	2,154,832	2,154,832	BIN 파일
	model.json	91,816	91,816	JSON 파일
	metadata.json	263	263	JSON 파일

티처블 머신 프로젝트 저장하고 불러오기

웹캠으로 촬영했든 수집한 데이터 파일을 업로드했든 브라우저를 닫거나 다른 사이트로 이동만 해도 지금까지 만들어 둔 모델이 모두 사라집니다. 학습시킨 모델도 마찬가지죠. 따라서 반드시 프로젝트를 저장해 두어야 합니다. 지금까지 만든 이미지 프로젝트를 저장하고 또 불러오는 방법을 살펴볼게요.

1. 프로젝트 페이지 왼쪽 상단에서 ☰를 누르면 [+ 새 프로젝트]를 비롯해 여러 가지 메뉴를 볼 수 있습니다. 여기서 [프로젝트를 파일로 다운로드]를 클릭합니다.

2. [다른 이름으로 저장] 창이 열리면서 저장할 파일의 위치를 설정할 수 있습니다. 저장할 파일의 확장자는 TM입니다. 이렇게 저장해 두면 언제든 이 프로젝트를 다시 불러올 수 있습니다.

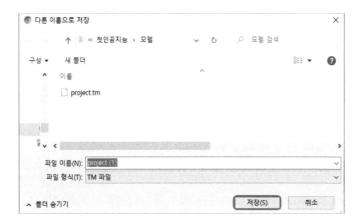

3. 이렇게 저장해 둔 프로젝트를 이번엔 다시 불러오겠습니다. 프로젝트 페이지 왼쪽 상단에서 ☰를 누르고 [+ 새 프로젝트]를 클릭하세요. 또는 크롬의 새 탭에서 티처블 머신을 열고 새 프로젝트를 시작해도 좋아요.

4. 새 프로젝트 화면이 열리면 [파일에서 기존 프로젝트를 엽니다.]를 클릭하고 앞서 저장해 둔 TM 파일을 선택합니다.

5. 파일을 불러오면 프로젝트 창에 학습시킨 데이터 파일까지 고스란히 불러오는 것을 볼 수 있습니다. 여기에 클래스 이름을 바꾸거나 데이터를 추가하는 등 자유롭게 프로젝트를 수정할 수 있어요.

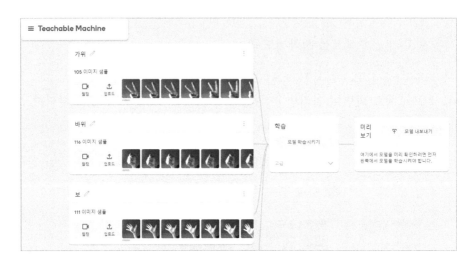

고급 설정으로 더 똑똑한 모델 만들기

만약 모델이 이미지를 정확하게 분류하지 못한다면 2가지 방법으로 정확도를 조절할 수 있습니다. 데이터 수집 단계로 돌아가 더 많은 데이터를 수집하거나 훈련에 영향을 주는 요소를 조정하는 것입니다. 훈련에 영향을 주는 요소에는 크게 에포크, 배치 크기 그리고 학습률이 있는데요. 티처블 머신에서는 이 요소의 값을 학습 전 단계에서 조정할 수 있습니다. 다만 이 요소의 값들은 정답이 없기 때문에 조금씩 조정하면서 적당한 값을 찾아야 합니다. 데이터 수집 단계로 돌아가는 과정은 앞서 살펴보았으니 이번엔 훈련에 영향을 주는 요소의 값을 조정해 보겠습니다.

티처블 머신의 프로젝트 페이지에서 [학습 → 고급]을 누르면 에포크, 배치 크기, 학습률을 조정하는 항목을 볼 수 있습니다. 이 3가지 요소를 조정해 모델을 더 똑똑하게 만들 거예요. 그렇다면 3가지 요소가 어떤 역할을 하는지 살펴보겠습니다.

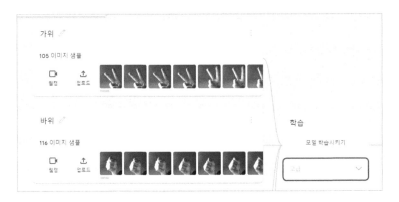

① [에포크]는 훈련 데이터세트를 학습에 사용하는 횟수입니다. 설명이 좀 어렵죠? 만약 여러분이 이미지 80개를 넣고 에포크를 50으로 설정하면 이미지 80개를 50번씩 학습에 사용합니다. 에포크를 너무 크게 설정하면 과적합이 될 수 있습니다. 여기서는 기본값인 50으로 먼저 학습시키고 모델의 정확도가 만족스럽지 않으면 조금 늘리거나 줄여 가며 다시 학습시키고 관찰하면 됩니다.

② [배치 크기]에서 배치란 한 번 학습하는 데 사용하는 데이터의 묶음이므로 배치 크기는 그 묶음의 크기를 말합니다. 쉽게 말해 배치 크기는 한 번 학습하는 데 사용하는 데이터의 개수입니다. 예를 들어 학습 데이터가 80개일 때 배치 크기를 16으로 설정하면 데이터 80개를 16개씩 묶어 총 5묶음으로 나눕니다. 앞서 설명한 에포크와 함께 설명하자면 16개씩 5회 학습하면 1에포크가 되는 셈입니다.

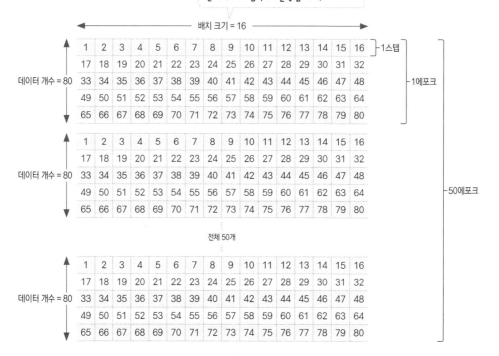

❸ [학습률]은 기본 0.001로 설정되어 있어요. 이 값은 아주 조금만 바꿔도 모델 성능에 큰 영향을 주기 때문에 신중하게 변경해야 합니다. 학습률은 모래사장에서 잃어버린 반지를 찾을 때 얼마나 조심스럽게 걷는지를 결정하는 값이라고 생각하면 됩니다. 보폭이 너무 크면 반지를 지나치기 쉬울 겁니다. 보폭을 좁게 하여 걸으면 어떨까요? 넓은 모래사장을 며칠 걸어야 할지도 모릅니다. 즉, 학습률이 너무 크면 학습은 빨리 끝나도 모델 성능이 제대로 나오지 않을 수 있고, 학습률이 너무 작으면 학습이 느려져서 효율이 떨어집니다.

학습하는 동안 에포크별 정확도와 손실을 관찰할 수 있습니다. [학습 → 고급 설정]을 클릭하면 정확도(Accuracy)와 손실(Loss) 그래프가 보입니다.

여기에서 [클래스별 정확도 계산]과 [혼동 행렬 계산]을 클릭해 클래스별 정확도와 혼동 행렬도 볼 수 있어요.

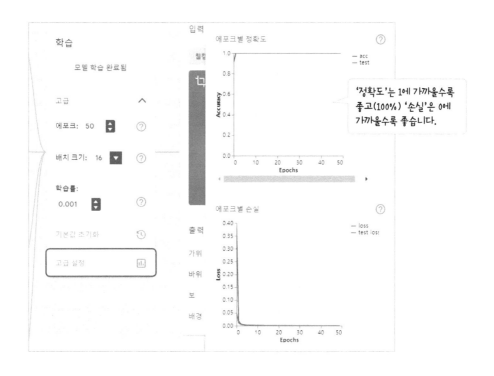

> '정확도'는 1에 가까울수록
> 좋고(100%) '손실'은 0에
> 가까울수록 좋습니다.

🤖 궁금해요! 혼동 행렬이 뭐예요?

혼동 행렬은 샘플 데이터를 분류할 때 가위를 가위로 분류한 수, 가위를 바위로 잘못 분류한 수 등을 표로 나타내는 등 모델의 성능을 시각적으로 보여 주는 도구입니다. 다음 그래프를 보면 Class 축이 기대한 실젯값, Prediction 축이 머신러닝 모델이 분류한 예측값입니다. 지금 이 그래프는 모두 정확하게 잘 맞혔네요.

머신러닝 모델 만드는 과정

머신러닝 모델을 만드는 과정은 다음과 같아요.

① 문제를 정의합니다.

② 데이터를 수집합니다.
→ 이 단계에서 데이터를 정제하는 과정을 거칩니다. 일부 누락된 데이터나 불필요한 데이터를 필요한 형태로 바꾸는 것도 이 과정에서 합니다.

③ 모델을 구성합니다.
→ 티처블 머신과 같이 이미 구성해 둔 모델을 사용한다면 이 단계를 건너뛰어도 좋아요.

④ 모델을 훈련시킵니다.

⑤ 모델을 평가합니다.
→ 성능이 좋지 않으면 ②로 다시 돌아가 데이터를 수집하고 학습하는 과정을 반복하거나 ④로 돌아가 학습에 영향을 주는 값들을 조정하고 다시 학습합니다.

⑥ 모델을 배포합니다.

04-4

오디오 프로젝트
― 소리를 식별하는 인공지능

✅ **시작하기 전 체크!**

- **목표:** 3가지 음성을 분류할 수 있는 분류기를 만들어 봅니다.
- **준비물:** 마이크 또는 3가지 음성 파일(할머니, 아버지, 어머니)과 20초 이상 배경 소음 파일

※ 주의 사항: 티처블 머신은 크롬 브라우저에 최적화되어 있습니다. 브라우저는 크롬을 사용할 것을 권장합니다.

일상에서 쉽게 만날 수 있는 음성 인식의 대표적인 예는 2011년 아이폰에 등장한 개인 비서 서비스 시리입니다. 시리 덕분에 사용자는 음성 명령으로 모바일 검색, 일정 관리, 전화 걸기, 메모, 음악 재생 등을 할 수 있죠. 이후 구글 어시스턴트, 코타나, 빅스비, Q 보이스, 클로바 등 다양한 서비스가 출시되었습니다.

티처블 머신을 이용해 두 번째로 만들 인공지능은 바로 이 서비스들이 갖고 있는 기능인 '음성을 인식하고 분류'하는 것입니다. 소리 데이터를 클래스 이름과 함께 학습시키고 새로운 소리 데이터가 들어오면 해당 클래스로 분류하

는 인공지능이죠. 간단하게 '할머니, 아버지, 어머니'라는 3가지 호칭을 입으로 소리 낸 음성 파일을 데이터로 학습시킬 거예요.

이미지 프로젝트를 진행할 때처럼 마이크 또는 스마트폰 이어폰으로 음성을 바로 녹음해도 좋고 또는 스마트폰 음성 녹음 앱을 이용해 음성 파일을 준비해도 좋아요. 음성 파일은 기본적으로 1초 단위로 잘려서 저장되므로 1초에 1번씩 호칭을 불러 녹음하세요.

음성 분류 모델을 만들어 볼까요?

오디오 프로젝트 시작하기

크롬 브라우저를 실행하고 티처블 머신 홈페이지(teachablemachine.with google. com)로 이동합니다. 메인 화면에서 [시작하기]를 누르고 3가지 프로젝트 중 [오디오 프로젝트]를 선택합니다.

배경 소음과 녹음 데이터 수집하기

1. 이미지 프로젝트와 달리 오디오 프로젝트에는 배경 소음이라는 클래스가 준비되어 있습니다. 배경 소음 클래스는 모델에 인식시킬 음성과 음성 뒤에 깔린 일상 소음을 구분하기 위한 것입니다. 이 클래스에 배경 소음을 녹음해 보겠습니다. 먼저 설치된 마이크를 선택하고 [20초 녹화]를 클릭해서 배경 소음을 녹음합니다. 20초가 지나면 [샘플 추출]을 클릭하세요. 그러면 녹음한 파일을 1초 간격으로 잘라 추출합니다.

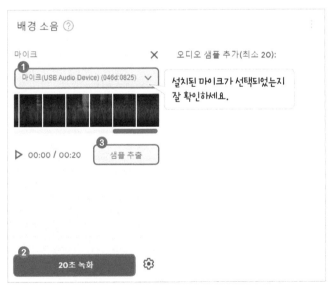

2. 배경 소음 클래스의 데이터 수집이 끝났다면 이제 클래스를 3개 만들겠습니다. 각각 'Grandma', 'Father', 'Mother'로 클래스 이름을 변경하세요. 배경 소음을 포함해 총 4개의 클래스가 필요합니다.

3. 각 클래스에 '할머니', '아버지', '어머니'라는 음성을 녹음하거나 녹음 파일을 업로드하겠습니다. 마이크로 녹음하려면 [20초 녹화]를 클릭하면 됩니다. 녹음 시간을 변경하려면 아래에 보이는 설정 아이콘을 클릭하고 [소요 시간]을 원하는 만큼 입력하세요. [지연] 시간을 변경하면 입력한 시간 후부터 녹음이 시작됩니다. 여기서는 기본값을 그대로 두고 20초만 녹음하겠습니다.

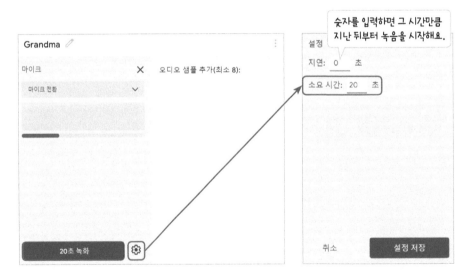

4. 이제 녹음해 볼까요? 먼저 Grandma 클래스에서 [20초 녹화]를 한 번 클릭하고 '할머니'라고 여러 번 소리 내서 녹음하세요.

5. 녹음을 완료하면 [샘플 추출]을 클릭하세요. 하나의 녹음 파일을 잘게 쪼갭니다.

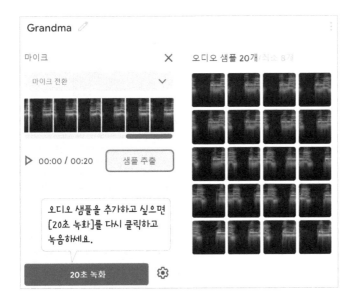

6. 같은 방법으로 Father, Mother 클래스의 음성 데이터도 수집하세요.

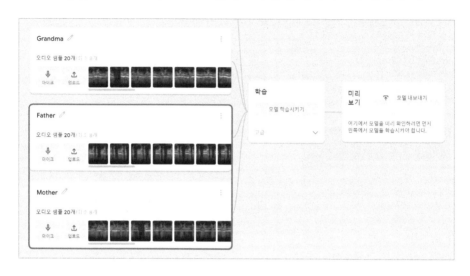

녹음한 데이터로 모델 학습시키기

녹음한 데이터로 모델을 학습시키겠습니다. 에포크는 기본 값인 '50' 그대로 두고 [모델 학습시키기]를 클릭하세요.

[학습 → 고급 → 고급 설정]에서 학습 중과 학습 후의 정확도와 손실 그래프를 살펴보겠습니다. 정확도 그래프에서 가로축은 에포크, 세로축은 정확도고 손실 그래프에서 가로축은 에포크, 세로축은 손실 정도입니다. 정확도는 높을수록, 손실 정도는 낮을수록 좋습니다. 또, 파란색 선은 훈련 데이터, 주황색 선은 평가 데이터에서의 정확도 또는 손실 그래프입니다. 티처블 머신이 자동으로 훈련 데이터와 평가 데이터를 나누었습니다.

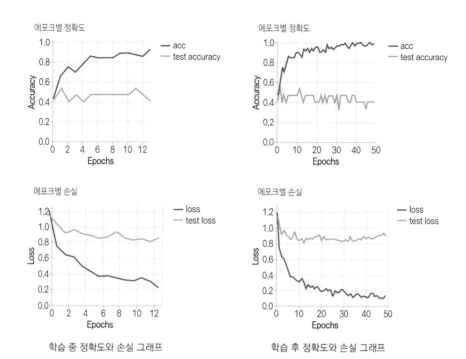

학습 중 정확도와 손실 그래프

학습 후 정확도와 손실 그래프

그래프를 보면 정확도가 0.4에서 시작하는 것을 알 수 있습니다. 즉, 초반 성능이 좋지 않았습니다. 그리고 훈련 데이터에서의 모델 성능은 괜찮았는데 테스트 데이터에서는 좋지 않네요. 왜 이런 일이 생겼을까요? 직접 녹음한 데이터의 품질이 좋지 않기 때문일 가능성이 큽니다. 녹음 환경이나 마이크 품질이 좋지 않았을 수도 있죠. 이런 경우 다시 녹음하여 모델을 훈련시키면 성능이 좋아질 수 있습니다. 우선 이 정도로 실습을 마무리하고 다음으로 넘어가겠습니다.

궁금해요! 데이터 오류가 떠요!

만약 [모델 학습시키기]를 클릭했을 때 다음과 같은 데이터 오류 경고 창이 뜬다면 해당 클래스에서 녹음하고 [샘플 추출]을 클릭했는지 확인하세요. 샘플 추출이 되지 않으면 녹음만 하고 학습을 시키지 않은 상태입니다. 또는 녹음을 너무 짧게 해도 데이터 오류가 뜰 수 있습니다.

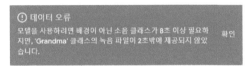

잘 만들어졌을까? 모델 평가하고 배포하기

1. 학습이 끝나면 미리 보기 창이 열립니다. 이 화면에서 [중첩 요인]은 오디오를 얼마나 자주 평가할지를 결정합니다. 예를 들어 값을 '0.5'로 설정하면 녹음한 소리를 0.5초마다 분류합니다. [입력]을 사용하지 않겠다고 토글 버튼을 누르면 더 이상 마이크 입력을 받지 않습니다.

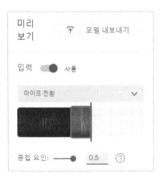

2. 이제 모델을 평가해 봅니다. 평가에 사용하는 데이터는 훈련에 사용하지 않은 새로운 데이터여야 합니다. 마이크에 '할머니, 아버지, 어머니' 중 하나를 말하거나 훈련에 사용하지 않은 새로운 데이터를 넣어 보세요. [출력]에서 제대로 분류하는지 확인해 보세요. 이 단계에서 음성을 잘

분류하지 못한다면 데이터를 추가해 다시 학습 시켜 보세요.

3. 모델 평가까지 마치고 원하는 만큼 분류가 잘된다면 이제 [모델 내보내기 → 업로드(공유 가능한 링크) → 모델 업로드]를 클릭해 이 모델을 다른 사람도 사용할 수 있도록 배포하겠습니다.

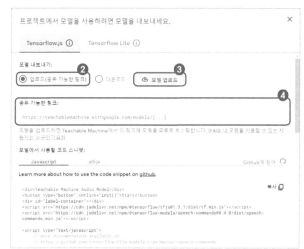

4. 나중에 불러오거나 다른 프로젝트에 응용해서 사용하려면 [프로젝트를 파일로 다운로드]를 눌러 압축 파일로 저장해 주세요.

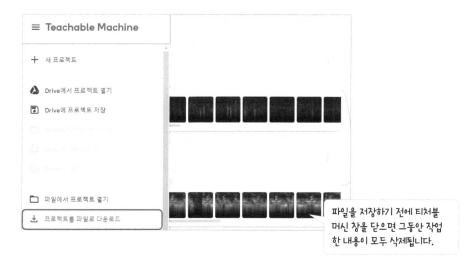

파일을 저장하기 전에 티처블 머신 창을 닫으면 그동안 작업한 내용이 모두 삭제됩니다.

머신러닝 모델 만드는 과정

'학습 모델의 성능이 좋다'는 것은 다음 3가지를 의미해요.

① 학습이 부족한 '과소 적합'이나 학습이 과한 '과대 적합'이 없어야 합니다.

② 훈련 데이터와 테스트 데이터 모두 정확도는 1, 손실은 0에 가까워야 합니다.

③ 훈련 데이터와 테스트 데이터 모두 1이나 0에 가까워지는 등 같은 경향성을 띠고 한 방향으로 움직여야 합니다.

이 부분도 놓치지 마세요!

① 모델 평가를 할 때는 훈련에 사용하지 않은 새로운 데이터를 사용해야 합니다.

② 모델 성능이 좋지 않을 때 데이터를 다시 수집하는 방법 외에도 에포크, 배치 크기, 학습률 등을 조정해 보아야 합니다.

③ 미처 발견하지 못한 잘못된 데이터가 전체 데이터를 왜곡하진 않는지 데이터를 잘 살펴봐야 합니다.

포즈 프로젝트
─ 동작을 인식하는 인공지능

✅ 시작하기 전 체크!

- **목표:** 3가지 동작을 분류할 수 있는 분류기를 만들어 봅니다.
- **준비물:** 웹캠 또는 이미지 파일(3가지 동작과 준비 동작 각 10장 이상)

※ 주의 사항: 티처블 머신은 크롬 브라우저에 최적화되어 있습니다. 브라우저는 크롬을 사용할 것을 권장합니다.

티처블 머신을 이용해서 만드는 마지막 프로젝트는 동작을 인식하고 분류하는 포즈 프로젝트입니다. 포즈 프로젝트의 목표는 요가나 춤, 수신호 같은 사람의 움직임을 학습시키고 입력된 동작을 분류하는 거예요. 이번 프로젝트에서는 3가지 춤 동작을 학습시키고 그대로 따라 하는 모델을 만들어 볼 거예요.

인공지능은 사람의 동작을 어떻게 인식하는 걸까요? 포즈 프로젝트의 모델은 다음과 같이 33개의 키포인트로 구성된 BlazePose 33 토폴로지를 사용해 동작을 예측하고 분류합니다.

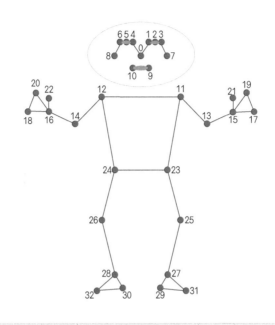

번호	부위	번호	부위	번호	부위
0	코	11	오른쪽 어깨	22	왼쪽 엄지손가락 돌기
1	오른쪽 눈 안쪽	12	왼쪽 어깨	23	오른쪽 엉덩이
2	오른쪽 눈	13	오른쪽 팔꿈치	24	왼쪽 엉덩이
3	오른쪽 눈 바깥쪽	14	왼쪽 팔꿈치	25	오른쪽 무릎
4	왼쪽 눈 안쪽	15	오른쪽 손목	26	왼쪽 무릎
5	왼쪽 눈	16	왼쪽 손목	27	오른쪽 발목
6	왼쪽 눈 바깥쪽	17	오른쪽 새끼손가락 돌기	28	왼쪽 발목
7	오른쪽 귀	18	왼쪽 새끼손가락 돌기	29	오른쪽 뒤꿈치
8	왼쪽 귀	19	오른쪽 집게손가락 돌기	30	왼쪽 뒤꿈치
9	입 오른쪽	20	왼쪽 집게손가락 돌기	31	오른쪽 집게발가락
10	입 왼쪽	21	오른쪽 엄지손가락 돌기	32	왼쪽 집게발가락

BlazePose 33 키포인트 토폴로지 세트
(출처: 구글 AI 블로그)

이 프로젝트를 활용하면 얼굴 표정을 인식해 감정 파악하기, 아바타나 뷰티 필터 만들기, 운동할 때 자세가 바른지 확인하기 등 무궁무진하게 활용할 수 있어요. 그럼 포즈 프로젝트를 함께 시작해 볼까요?

포즈 분류 모델을 만들어 볼까요?

포즈 프로젝트 시작하기

크롬 브라우저를 실행하고 티처블 머신 홈페이지(teachablemachine.with google.com)로 이동합니다. 메인 화면에서 [시작하기]를 누르고 3가지 프로젝트 중 [포즈 프로젝트]를 선택합니다.

데이터 수집하기

1. [클래스 추가]를 클릭해 4개의 클래스를 만듭니다. 추가한 클래스 이름을 동작 1, 동작 2, 동작 3, 준비 동작으로 바꿉니다.

2. 포즈 프로젝트 역시 웹캠으로 녹화하거나 동작을 촬영한 이미지 파일을 업로드해 데이터를 수집할 수 있습니다. 이미지 파일을 준비했다면 [업로드]를 선택해 파일을 업로드하고, 웹캠을 준비했다면 [웹캠]을 선택한 다음 [길게 눌러서 녹화하기]로 동작을 녹화하세요. 동작마다 최소 10개 이상 데이터를 수집하세요.

[업로드]를 선택했을 때

[웹캠]을 선택했을 때

포즈 데이터로 모델 학습시키기

데이터 수집을 모두 마쳤다면 [학습]에서 [모델 학습시키기]를 클릭하세요. 앞서 이미지 프로젝트와 오디오 프로젝트에서 해본 과정이라 이제 익숙해졌죠?

필요하다면 [고급]에서 에포크와 배치 크기를 바꿔 가면서 적절한 값을 찾아보세요.

잘 만들어졌을까? 모델 평가하고 배포하기

1. 학습이 다 되었다면 [미리 보기] 창에서 모델을 평가해 보세요. 학습시킨 동작을 취해 보거나 학습에 사용하지 않은 동작 이미지를 넣어 잘 분류하는지 확인해 보면 됩니다. 동작을 잘 분류하지 못한다면 데이터를 더 수집해서 다시 훈련시켜 보세요.

2. 모델 평가까지 마치고 원하는 만큼 분류가 잘 된다면 이제 [모델 내보내기 → 업로드(공유 가능한 링크) → 모델 업로드]를 클릭해 이 모델을 다른 사람도 사용할 수 있도록 내보냅니다.

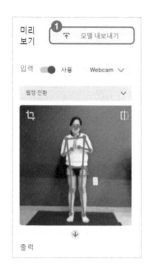
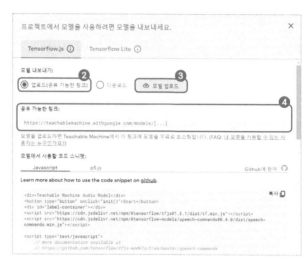

3. 그런 다음 나중에 언제라도 불러오거나 다른 프로젝트에 응용해서 사용할 수 있도록 [프로젝트를 파일로 다운로드]를 눌러 압축 파일로 저장하세요.

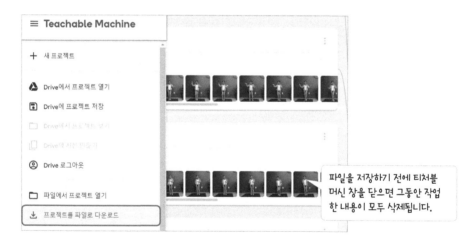

파일을 저장하기 전에 티처블 머신 창을 닫으면 그동안 작업한 내용이 모두 삭제됩니다.

4. 만약 스쿼트 횟수를 세거나 요가 자세를 교정하는 등 추가 작업을 하고 싶다면 [모델 내보내기]에서 코드를 수정해 기능을 확장할 수 있습니다. 하지만 그건 복잡하고 많은 공부가 필요하죠.

하지만 누구나 쉽게 블록을 쌓으면서 완성할 수 있는 스크래치라는 블록 코딩 도구를 이용할 수 있어요. 그러려면 앞서 모델을 만들 때마다 저장해 둔 프로젝트 파일이나 링크를 잘 보관해 두어야 합니다. 스크래치를 한번도 해본 적이 없다고요? 괜찮아요. 하나씩 차근차근 따라 만들어 봐요.

5분 생각하기 머신러닝 모델, 정말 누구나 만들 수 있을까?

오른쪽 사진은 평소 청각 장애인과 쉽게 대화할 방법을 찾던 중학교 1학년 학생이 만든 아두이노 수어 번역기입니다. "머신러닝으로 어떤 이미지든 인식할 수 있도록 컴퓨터를 학습시킬 수 있다"라는 말을 듣고 바로 만들어 낸 첫 작품입니다.

수어 번역기

이것은 초등학교 6학년 학생이 만든 지폐 분류기입니다. 할머니가 장사하시면서 돈을 받아 큰 통에 넣어 두었다가 일을 마치고 나서 매일 밤 돈을 세는 모습을 보고 "지폐를 쉽게 분류하고 계산하는 방법을 찾아봐야겠다"라고 생각하다 만들었다고 합니다.

지폐 분류기

두 사례 모두 티처블 머신이나 엠블록과 같은 서비스를 이용해 쉽게 만들 수 있었죠. 즉, 누구나 해결하고 싶은 문제가 있다면 인공지능을 만들 수 있습니다. 어려운 코드와 컴퓨터 언어부터 배워야 하는 건 아니에요. 문제를 발견하는 것이 우리가 첫 번째 할 일입니다. 여러분이 해결하고 싶은 문제는 무엇인가요?

도전! 인공지능으로
동작하는 머신 만들기

이 장에서는 우리 일상에서 인공지능을 활용해 해결할 수 있는 문제를 찾아봅니다. 그리고 발견한 문제를 해결할 수 있는 여러분만의 인공지능 시스템을 만들어 보세요.

이 장의 목표

• 일상 속 문제를 해결하는 데 인공지능 기술을 활용할 수 있어요.

• 머신러닝 모델을 눈에 보이도록 구체화할 수 있어요.

• 문제 발견부터 시스템 제작 및 활용까지 전 과정을 경험할 수 있어요.

단어장 블록 코딩, 스크래치, 피지컬 컴퓨팅, 마이크로비트, 모델 배포

05-1

문제 발견하기

주변을 둘러보세요. 혹시 평소 불편하다고 느꼈던 것들이나 좀 더 나아지면 좋겠다고 생각하던 것이 있나요? 또는 누군가 불편해하는 걸 발견한 적이 있나요? 그렇다면 어떻게 해결할 수 있을까요? 인공지능이 도움을 줄 수 있을까요? 물론 모든 문제를 인공지능이 해결해 준다면 좋겠지만, 어떤 문제는 굳이 인공지능이 아니어도 충분히 해결할 수 있답니다. 굳이 시간과 자원을 낭비할 필요는 없죠. 따라서 해결해야 할 문제를 발견하고 정의함으로써 인공지능이 꼭 필요한지 확인해야 합니다.

문제 해결 과정 그려 보기

문제를 발견하는 것은 크고 거창하지 않아도 됩니다. 가까운 곳에서 찾아보세요. 예를 들어 저는 내성적이어서 아무 하고도 말하고 싶지 않은 날이 있지만

148

그런 감정을 잘 표현하지 못해서 불편한 적이 있어요. 그러다 어느 날 미세먼지 농도에 따라 다른 표정을 보여 주는 전광판을 보고 내 기분을 저렇게 표현해 주는 것이 있으면 좋겠다고 생각했어요.

먼저 머신러닝으로 표정을 학습시키고 앱으로 만든 다음 스마트폰 카메라로 내 얼굴을 찍으면 기분이 어떤지 표현할 수 있으면 좋을 것 같아요. 여기에 마이크로비트를 연결해서 방문 밖에 두면 가족이 내 기분을 알아 차리고 슬프거나 졸릴 때는 좀 더 배려해 줄 수 있겠죠?

이제 어떻게 해결할지, 완성된 모습은 어떨지 구체화하는 과정이 필요합니다.

환경 지수 알림판
(출처: noaweather.co.kr)

문제 발견하고 해결해야 하는 이유 생각해 보기

다음 빈칸을 채우면서 문제를 발견하고 해결하는 과정을 구체적으로 그려 보세요.

1. 나 혹은 주변 사람이 평소 불편해했던 것을 모두 적어 보세요.

불편한 것

㉠ 성격이 소극적이어서 다른 사람에게 내 감정을 표현하는 게 어렵다.

2. 1번에서 적은 문제 중 '가장 먼저 해결해야 하는 것' 또는 '가장 불편한 것'을 적고 '인공지능이 해결하는 게 효율적인 것'을 추려 보세요.

가장 먼저 해결해야 하거나 가장 불편한 것

㉠ 지금 내 기분을 다른 사람에게 전달하는 것

인공지능이 해결하면 효율적인 것

㉠ 나의 표정으로 감정 상태를 인식하는 것

3. 해결할 문제를 선택하고, 이 문제를 왜 해결해야 하는지 그리고 어떻게 해결할지 적어 보세요.

해결할 문제

㉾ 표현하지 않아도 내 기분을 다른 사람이 알도록 한다.

해결해야 하는 이유

㉾ 나는 다른 사람에게 감정을 표현하는 게 어려워 곤란을 겪고 있기 때문이다.

해결 방법

㉾ 구글 티처블 머신으로 내 표정을 학습한 모델을 만들고 여러 기분을 마이크로비트로 표현한다.

완성된 인공지능 상상하기

문제를 발견하는 과정을 통해 어떤 문제를 어떻게 해결할지 방법을 찾아보았나요? 이렇게 시간을 들여 문제를 정하고 해결 방법을 고민하다 보면 어떤 인공지능을 만들어야 할지 구체적으로 상상하기 시작할 거예요.

그럼 프로젝트 이름을 지어 볼까요? 저는 '내 기분을 말해 줘'라고 프로젝트 이름을 붙였습니다. 그리고 완성한 프로젝트 모습을 다음과 같이 상상하고 그려 보았습니다. 웹캠으로 내 얼굴을 찍으면 인공지능이 표정을 분석하여 기분을 파악하고 이를 마이크로비트의 LED로 표현하는 모습이에요.

완성한 모습을 상상해 봐요!

어떤가요? 여러분도 만들고 싶은 인공지능 시스템의 모습을 상상해 보세요. 그리고 그 인공지능이 나에게 어떤 도움을 주고 환경을 어떻게 바꿔 나갈지도 그려 보세요. 그럼 이제 본격적으로 앞서 배운 티처블 머신을 활용해 인공지능을 만들고 스크래치와 마이크로비트로 '내 기분을 말해 줘' 프로젝트를 구현해 볼게요.

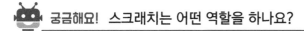 궁금해요! 스크래치는 어떤 역할을 하나요?

스크래치는 레고 블록을 조립하듯 블록을 움직이고 연결해서 컴퓨터 프로그램을 작성하는 도구입니다. 쉽고 직관적이어서 누구나 쉽게 배울 수 있어요. 여기에서는 티처블 머신을 이용해 훈련시킨 머신러닝 모델이 내 감정을 인식하고 결과를 보내 주면 스크래치로 받아서 마이크로비트가 동작하도록 프로그램을 만들 거예요.

 5분 생각하기 내 인공지능은 어떤 모습이면 좋을까?

인공지능은 실체가 없습니다. 명확한 정의도 없습니다. 여러분이 인공지능을 나름대로 정의하고 내가 만들 인공지능은 어떤 방향으로 나아가는 게 올바를지 스스로 생각한다면 그것이 바로 답이 될 수 있습니다. 따라서 내가 만들 인공지능은 어떤 모습이면 좋을지 기능적으로 또 윤리적으로 생각해 보는 것은 무척 중요한 과정입니다. 어쩌면 인공지능을 공부하는 것보다 더 큰 수확을 얻을 수도 있죠. 인공지능의 역할을 크게 3가지로 나누면 다음과 같습니다.

즐거움을 주는 인공지능
'04-1 인공지능 체험하기'에서 다양한 체험용 인공지능 사이트를 소개했는데요. 이렇게 누구나 쉽게 즐길 수 있는 인공지능은 많은 사람에게 즐거움을 준답니다. 통통 튀는 아이디어를 인공지능으로 구현해 보세요.

편리함을 주는 인공지능
청소기를 발명하기 전엔 사람이 빗자루로 청소해야만 했어요. 진공 청소기가 발명되고 이어서 무선 청소기가 등장했죠. 그리고 곧 먼지와 장애물을 인식하는 로봇 청소기가 나타나면서 급기야 청소에 들이는 시간을 크게 줄일 수 있었어요. 로봇 청소기는 단순히 청소 시간을 줄였을 뿐만 아니라 '집안일은 여자의 일'이라는 성별에 따른 역할에도 영향을 미쳐 누군가의 존엄성을 회복시키는 역할도 했습니다. 이처럼 인공지능은 우리 삶에 편리함은 물론 새로운 관점을 던져 주기도 합니다. 2018년 이스라엘에선 움직임이 감지되면 촬영하는 로봇 청소기가 빈집에 들어온 도둑을 잡기도 했답니다.

사회적 약자를 돕는 인공지능

인공지능 스피커를 사용해 본 적이 있나요? 경남 의령에서는 혼자 사는 노인들에게 인공지능 스피커를 나누어 주고 위급 상황 발생 시 "○○○ 도와줘"라고 외치면 구급대원이 출동하도록 했습니다. 그 덕분에 한 80대 노인이 위험한 상황을 모면하기도 했죠. 이처럼 사회적 약자를 돕는 데에도 인공지능을 많이 이용하고 있어요.

여러분은 어떤 인공지능을 만들고 싶은가요? 또, 내가 만들 인공지능이 누구에게 어떤 즐거움이나 도움을 주게 될까요? 윤리적으로 누군가에게 피해를 줄 위험은 없나요? 인공지능을 만들기 전에 여러 관점에서 고민해 보길 바랍니다.

05-2

내 기분을 말해 줘!
표정을 해석하여 알려 주는 인공지능 만들기

✅ **시작하기 전 체크!**

- **목표:** 4가지 표정(행복할 때, 슬플 때, 졸릴 때, 보통일 때)을 분류할 수 있는 머신러닝 모델을 만듭니다.
- **준비물:** 웹캠 또는 이미지 파일(4가지 표정 이미지 각 10장씩)

※ 주의 사항: 티처블 머신은 크롬 브라우저에 최적화되어 있습니다. 브라우저는 크롬을 사용할 것을 권장합니다.

앞서 티처블 머신으로 만든 결과물을 머신러닝 모델이라 부른다고 했죠? 여기서는 04-3 이미지 프로젝트에서 실습한 것처럼 웹캠 또는 이미지 파일로 머신러닝 모델을 학습시킬 거예요. 저는 행복할 때, 슬플 때, 졸릴 때, 보통일 때 이렇게 4가지 기분을 학습시킬 거예요. 그러니 총 4가지 표정 데이터가 필요하겠네요. 웹캠이 있다면 더 쉽게 많은 데이터를 수집할 수 있어요. 웹캠이 없다면 4가지 기분마다 각각 10장씩, 총 40장 이상의 사진을 준비해 주세요. 모든 준비를 마쳤다면 본격적으로 '내 기분을 말해 줘' 프로젝트를 시작해 볼까요?

티처블 머신으로 표정 인식하는 머신러닝 모델을 만들어 볼까요?

1. 크롬 브라우저에서 티처블 머신 홈페이지(teachablemachine.withgoogle.com)로 이동한 다음 [시작하기]를 누릅니다. [이미지 프로젝트 → 표준 이미지 모델]을 클릭해 새 프로젝트를 만들어 주세요.

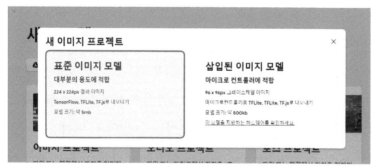

2. 데이터를 수집하기 위해 클래스 4개를 만들고 각각 행복해요, 슬퍼요, 졸려요, 보통이에요라고 이름을 지어 줍니다.

3. 데이터를 수집합니다. 웹캠이 있다면 [웹캠]을 클릭하고 이미지 파일을 사용하려면 [업로드]를 선택하세요. 클래스별로 행복한 표정, 슬픈 표정, 졸린 표정, 평소 표정 데이터를 100장 이상씩 수집해 주세요. 웹캠을 사용한다면 더 많이 수집해도 좋아요. 단, [업로드]로 데이터를 넣을 땐 테스트용 데이터를 1~2장씩 남겨 주세요.

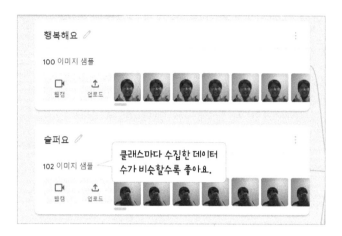

4. 이제 [모델 학습시키기]를 클릭해서 모델을 학습시킵니다.

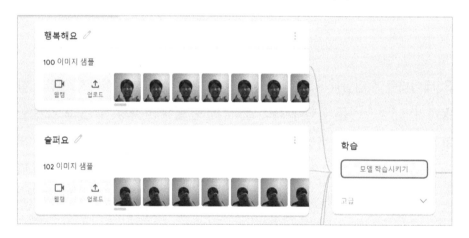

5. 학습이 완료되면 [미리 보기] 창에서 잘 학습되었는지 확인하겠습니다. 이미지 파일을 업로드했다면 남겨 둔 파일을 넣고, 웹캠을 사용했다면 웹캠에 학습시킨 표정 중 하나를 지으면서 잘 인식하는지 확인하세요.

만약 표정 인식이 제대로 되지 않는다면 데이터를 더 모아서 다시 학습시키는 과정을 반복해야 합니다.

다른 사람의 표정도 인식시키려면 다른 사람의 표정 데이터를 추가해 다시 학습해 보세요.

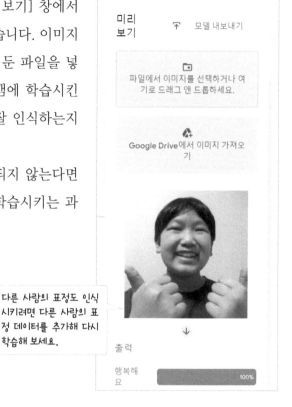

6. 학습이 잘 되었다면 이제 모델을 배포하겠습니다. [미리 보기 → 모델 내보내기]를 누르고 [업로드(공유 가능한 링크)]가 선택되어 있는지 확인한 다음 [모델 업로드]를 클릭하세요.

7. 업로드가 완료되면 [공유 가능한 링크]를 복사해서 보관해 두세요. 크롬을 닫거나 티처블 머신 탭을 닫으면 학습시킨 모델이 사라지니 이 링크를 보관하거나 저장해 주세요. 이렇게 우리 기분을 표현할 머신러닝 모델을 완성했습니다.

웹 브라우저로 본 머신러닝 모델

스마트폰으로 본
머신러닝 모델

궁금해요! 코딩 없이 머신러닝 모델을 만드는 다른 도구가 있나요?

티처블 머신처럼 코딩 없이 간단하게 머신러닝 모델을 만들 수 있는 도구는 아주 많습니다. 그중에서도 많이 이용하고 사용하기 쉬운 도구를 몇 가지 소개할게요.

머신러닝 포 키즈

머신러닝 포 키즈machine learning for kids에서는 이미지나 소리뿐만 아니라 숫자, 텍스트 데이터도 학습시킬 수 있습니다. 이 학습 결과로 스크래치를 이용해 원하는 기능을 수행하게 할 수 있습니다.

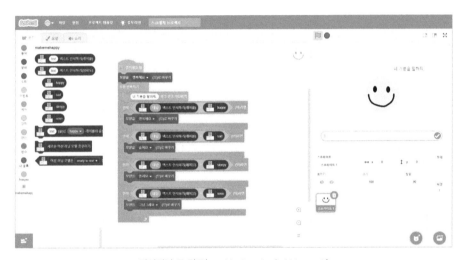

머신러닝 포 키즈(machinelearningforkids.co.uk)

엔트리 & 엠블록

엔트리entry와 엠블록mBlock에서는 API를 이용해 감정 분석, 나이 분석과 같은 재미있는 체험을 해볼 수 있고 표(테이블)로 데이터 분석을 해볼 수도 있습니다. 마이크로비트와 같은 다양한 피지컬 컴퓨팅 도구와 연결해서 동작시킬 수도 있죠.

엔트리(playentry.org)

엠블록(mblock.makeblock.com)

오렌지 데이터 마이닝

여기까지 체험해 보고 머신러닝을 좀 더 깊이 알고 싶지만 여전히 프로그래밍 언어는 어려워서 엄두가 나지 않는다면 오렌지 데이터 마이닝orange data mining을 추천합니다.

오렌지 역시 아주 간단하게 데이터 분석, 머신러닝을 경험할 수 있는 프로그램입니다. 무료 프로그램이고 직관적이라서 활용하기 좋습니다.

오렌지 데이터 마이닝(orangedatamining.com)

05-3

스크래치로 표현하기

스크래치가 뭐예요?

지금까지 문제를 정의하고 티처블 머신으로 데이터를 학습시켜서 모델을 만들었습니다. 이제 스크래치에서 이 모델을 불러와 더 많은 것을 해볼 것입니다. 인공지능 게임이나 애니메이션을 만들 수도 있죠. 또, 마이크로비트와 같은 장치가 내 기분에 따라 동작하게 할 수도 있습니다.

스크래치는 MIT 연구소에서 어린아이도 프로그래밍을 할 수 있도록 만든 교육용 프로그래밍 언어이자 그래픽 개발 환경입니다. 마치 블록을 조립하는 것처럼 코드 조각을 조립해 프로그램을 만들 수 있습니다. 코드를 어떻게 조립하느냐에 따라 바뀌는 결과를 즉시 눈으로 볼 수 있어 직관적이고 배우기 쉽습니다. 코드 블록을 옮기는 것만으로 화면 속 캐릭터를 걷고 뛰고 노래 부르게 할 수 있죠. 어린이뿐만 아니라 성인도 스크래치로 프로그래밍의 기본 원리를 익힐 수 있습니다. 그리고 스크래치는 마이크로비트와 같은 피지컬 컴퓨팅 도구를 연결해서 쉽게 동작시킬 수 있다는 장점도 있습니다. 그럼 스크래치를 둘러보고 우리가 만든 머신러닝 모델을 적용해 볼까요?

 궁금해요! 우리가 접속할 스크래치 사이트는 공식 사이트랑 주소가 달라요

우리가 접속할 스크래치 사이트 주소는 stretch3.github.io입니다. 여기는 스크래치 공식 사이트가 아니라 티처블 머신에서 만든 모델을 활용할 수 있도록 '블록이 추가된 사이트' 입니다. 스크래치의 공식 사이트 주소는 scratch.mit.edu인데요. 왜 공식 사이트가 아닌 티처블 머신에서 제공하는 사이트에 접속하게 되었을까요?

스크래치가 워낙 활용도가 높다 보니 많은 코딩 교육용 제품이 스크래치와 연결하려 하기 때문입니다. 그런데 공식 사이트는 모든 제품을 등록하지 않아서 제품마다 블록을 추가한 사이트를 운영하기도 합니다. 쉽게 말해 스크래치 공식 사이트에는 티처블 머신으로 만든 모델을 다룰 수 있는 블록이 없어서 티처블 머신 블록을 추가한 사이트를 이용하게 된 것입니다.

스크래치 둘러보기

1. 앞서 티처블 머신으로 만들어 둔 머신러닝 모델을 스크래치로 구현해 보겠습니다. 먼저 스크래치 사이트(stretch3.github.io)로 이동합니다. 주소 창에 주소를 입력하거나 stretch3를 검색해 보세요. 사이트로 들어가면 곧장 스크래치 화면을 볼 수 있어요.

2. 시작하기 전에 스크래치를 먼저 살펴볼게요. 스크래치 화면은 크게 왼쪽, 중앙, 오른쪽으로 나뉘어 있어요. 우리가 스크래치로 프로그래밍하는 과정을 연극에 비유한다면 왼쪽의 파란 블록은 마치 대본 조각과 같습니다. 이 블록

을 중앙으로 끌어오면 대본을 작성하는 거죠. 이 대본을 오른쪽 무대에 있는
배우가 읽고 행동합니다.

3. 고양이가 있는 무대, 즉 오른쪽 화면
을 찬찬히 살펴볼까요? 이 고양이의 이
름을 보니 스프라이트 1이라고 되어 있
네요. 이 고양이는 연극에 출연하는 배
우라고 생각하면 됩니다. 스크래치에서
는 이를 스프라이트라고 한답니다. 그리
고 화면 오른쪽 상단에 3개의 버튼이 보
일 것입니다. 이 3개의 버튼으로 무대의
크기를 조절할 수도 있습니다.

스크래치로 인공지능 만들기

이미지 관련 확장 기능 추가하기

1. 스크래치는 내 프로젝트에 맞는 다양한 기능을 사용할 수 있도록 확장 기능을 제공합니다. 우리는 티처블 머신에서 표정을 인식하는 머신러닝 모델을 만들었으니 웹캠으로 내 얼굴을 촬영할 수 있는 [비디오 감지]와 티처블 머신 모델을 웹에서 가져오는 [TM2Scratch]라는 2가지 확장 기능이 필요합니다. 바로 이 확장 기능을 추가해 보겠습니다. 스크래치 화면 왼쪽 아래에서 [💹 확장 기능 추가하기]를 클릭합니다.

2. 페이지를 이동하면 스크롤을 내려 [비디오 감지]를 클릭하세요. 그러면 곧장 스크래치 화면으로 돌아올 것입니다.

3. 스크래치 화면 왼쪽에 비디오를 사용할 수 있는 블록이 추가되었어요.  블록을 중앙으로 끌어와 놓습니다. 이 블록을 실행해서 카메라를 켜거나 끌 수 있습니다.

블록 안의 [켜기]를 누르면 여러 설정을 볼 수 있어요.

4. 지금은 웹캠에 찍히는 모습이 반투명하게 보일 것입니다. 좀 더 선명하게 나오게 하려면 화면 왼쪽에서  블록을 중앙으로 끌어와  아래에 붙입니다. 그런 다음 블록 안의 숫자를 클릭해 0으로 바꿔 주세요.

5. 원하는 블록을 쌓았으니 실행을 위한 블록도 쌓아 보겠습니다. 화면 왼쪽에 있는 파란색, 보라색, …, 빨간색 원은 비슷한 블록을 모아 둔 그룹입니다. 노란색 원은 [이벤트] 그룹입니다. 여기로 이동한 다음 맨 위에 있는 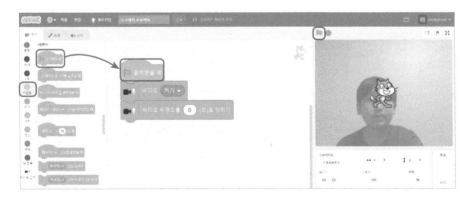 블록을 맨 위에 붙입니다. 이제 오른쪽 화면 위에 있는 나 를 클릭하면 블록을 쌓은 순서대로 프로그램이 실행될 거예요.

168

궁금해요! 녹색 깃발이나 블록을 클릭해도 비디오가 켜지지 않아요!

녹색 깃발 이나 블록을 클릭해도 비디오가 켜지지 않는다면 티처블 머신에서 모델을 만들 때 작업했던 창이 열려 있지 않은지 확인해 주세요. 티처블 머신 창을 닫으면 스크래치에서 카메라를 사용할 수 있습니다. 그 전에 모델의 URL을 잘 복사해 놓는 것도 잊지 마세요!

6. 이제 우리가 티처블 머신에서 만든 머신러닝 모델을 불러와야겠죠? 그러려면 확장 기능이 하나 더 필요합니다. 다시 화면 왼쪽 아래에서 [확장 기능 추가하기]를 클릭한 다음 [TM2Scratch]를 찾아 클릭하세요.

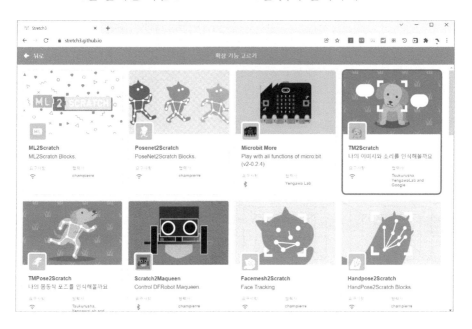

7. 다시 스크래치 화면으로 돌아오면 왼쪽에 [TM2Scratch]라는 그룹이 생성된 것을 볼 수 있습니다. 위쪽에 있는 블록 6개는 티처블 머신의 이미지 모델에 사용하고 그 아래에는 오디오 모델 분류에 사용하는 블록, 분류 실행 여부 등에 필요한 블록 등이 있습니다.

우리는 이미지 모델에 필요한 첫 번째 블록과 네 번째 블록만 사용할 거예요. 첫 번째 블록은 이미지 분류 결과가 [행복해요, 슬퍼요, 졸려요, 보통이에요] 중 어떤 것일 때 동작할지 선택하고, 네 번째 블록은 웹에 만들어 둔 티처블 머신 모델을 불러옵니다.

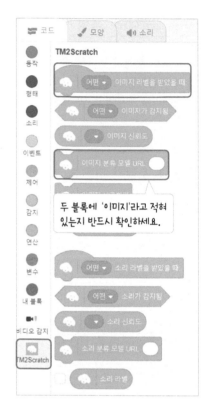

 궁금해요! ⬤ ▼ 이미지 신뢰도 **에서 신뢰도가 무슨 뜻이에요?**

여러분의 표정이 '행복해요'일 확률이 40%라면 행복한 걸까요, 아닐까요? 50%라면요? 이 확률을 '신뢰도'라고 합니다. 확률이 70% 이상일 때 '행복해요'라고 표현하고 싶다면 [신뢰도 기준 설정]에서 값을 0.7로 입력하고 [신뢰도 기준]이 0.7 이상일 때만 마이크로비트가 동작하도록 블록을 작성할 수 있습니다.

스크래치로 머신러닝 모델 불러오기

스크래치도 살펴보고 필요한 확장 기능도 모두 준비했으니 이제 본격적으로 우리가 만들어 둔 머신러닝 모델을 스크래치로 구현해 볼까요?

1. 먼저 [TM2Scratch] 그룹에서  블록을 끌어와 앞서 만들어 둔 블록 맨 아래에 붙입니다. 그리고 빈칸을 클릭해 티처블 머신에서 만든 모델의 주소를 붙여 넣습니다. 이 블록을 실행하면 웹에 올려 둔 티처블 머신 모델에 데이터를 보내 결과를 받아 올 수 있습니다.

궁금해요! 블록을 쌓는 화면이 너무 좁아요!

화면 크기는 일정한데 블록은 자꾸 쌓이니 점점 블록 화면이 좁아질 거예요. 이럴 땐 오른쪽 무대 크기를 줄여서 블록 화면을 넓힐 수 있습니다. 무대 위쪽에 있는 화면 축소 버튼을 클릭하면 됩니다. 만약 블록 크기를 확대·축소하고 싶다면 가운데 화면의 오른쪽 아래에 있는 돋보기 버튼을 눌러 보세요.

2. 이렇게 티처블 머신 모델을 사용할 준비를 마쳤습니다. 이제 🏳을 클릭해서 실행해 보세요. 블록의 테두리가 노랗게 변하면 작업을 수행 중이라는 뜻입니다. 노란 테두리가 사라질 때까지 잠시 기다려 주세요.

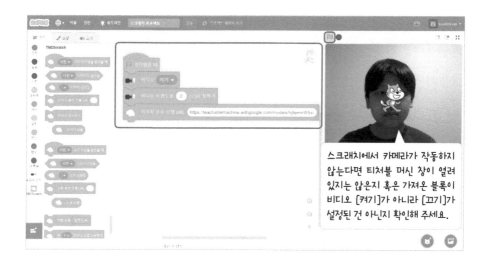

스크래치에서 카메라가 작동하지 않는다면 티처블 머신 창이 열려 있지는 않은지 혹은 가져온 블록이 비디오 [켜기]가 아니라 [끄기]가 설정된 건 아닌지 확인해 주세요.

3. 노란 테두리가 사라지면 모두 실행되었다는 뜻입니다. 이번에는 [TM2S cratch] 그룹에서 맨 위에 있는 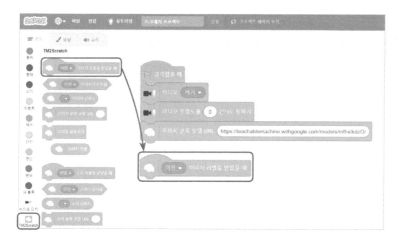를 끌어와 다른 블록과 떨어뜨려 놓으세요.

4. 블록 안의 [어떤]을 클릭하면 우리가 티처블 머신에서 만들어 둔 클래스를 모두 볼 수 있어요. 이 블록에는 [어떤]을 포함해 [행복해요, 슬퍼요, 졸려요, 보통이에요]까지 총 5개 항목이 있어야 합니다.

5.  에서 각 클래스를 선택해서 동작할 블록들을 끌어올 거예요. 행복할 땐 행복하다고 말하는 게 가장 좋겠죠? 클래스를 선택하면 무대 위 고양이가 말풍선을 띄우도록 하겠습니다. 화면 왼쪽에서 [형태] 그룹을 선택하고 맨 위에 있는  를 끌어와  밑에 붙여 주세요. 그리고 '안녕!'을 지우고 '나는 지금 행복해요'를 입력하세요.

6. 이 블록을 실행하면 무대 위 고양이가 '나는 지금 행복해요'라는 말풍선을 띄우는 것을 볼 수 있어요.

> 고양이를 클릭하고 드래그 하면 원하는 곳으로 옮길 수 있습니다.

7. 마찬가지로 다른 클래스에도 고양이가 기분에 따라 말풍선을 띄우도록 할게요. 클래스마다 를 추가하고 아래에 블록을 붙여 주세요. [보통이에요] 클래스는 평상시 모습이므로 말풍선을 띄우지 않아도 됩니다.

> 똑같은 블록을 복사하려면 Ctrl + C 를 누르고 Ctrl + V 로 붙여 넣을 수 있어요.

175

8. 한번 이미지 인식을 시작하면 [정지 버튼 ●]
을 눌러도 계속 실행됩니다. 만일 인식 기능을
멈추고 싶다면 [TM2Scratch]에서 블
록을 클릭하세요. 다시 티처블 머신 모델의 인식
기능을 켜려면 블록에서 [멈추기]를 [켜기]로 바꿔 주세요.

🤖 **궁금해요! 블록을 옮기지 않고 클릭만 해도 되나요?**

블록을 중앙에 놓지 않고 그룹에서 클릭만 해도 실행이 됩니다. 화면 중앙에 블록을 두는
이유는 깃발을 클릭하거나 키보드 키를 누르는 것과 같은 이벤트가 발생했을 때 블록들을
차례대로 실행하기 위해서입니다. 이런 이벤트를 조정하는 블록은 [이벤트] 그룹에서 볼 수
있어요. [TM2Scratch] 그룹의 이미지 라벨을 받았을 때 동작하는 블록도 이벤트 블록입
니다.

스크래치 저장하고 불러오기

1. 이제 스크래치를 저장하고 종료하겠습니다. 스크래치 파일을 컴퓨터에 저
장해 두면 다음에 다시 불러와 실행하고 수정할 수 있어요. 스크래치를 종료
하기 전에 지금까지 쌓은 블록을 파일로 저장하겠습니다. 화면 왼쪽 상단에서
[파일 → 컴퓨터에 저장하기]를 클릭합니다.

2. [다른 이름으로 저장] 창이 뜨면 파일 이름을 다음에도 찾기 쉽도록 바꿔 주세요.

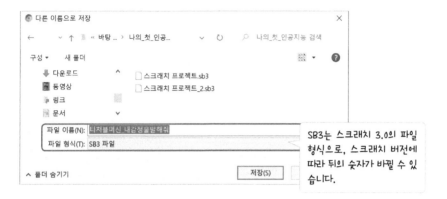

SB3는 스크래치 3.0의 파일 형식으로, 스크래치 버전에 따라 뒤의 숫자가 바뀔 수 있습니다.

3. 파일을 다시 불러오려면 마찬가지로 스크래치 화면 왼쪽 상단에서 [파일 → Load from your computer]를 클릭해 저장한 스크래치 파일을 불러오면 됩니다.

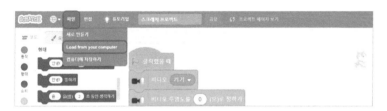

05-4

마이크로비트와 통신하기

✅ 시작하기 전 체크!

- **목표**: 머신러닝 모델과 스크래치로 만든 결과를 마이크로비트와 연결합니다.
- **준비물**: 마이크로비트(버전 상관 없음)

※ 주의 사항: 티처블 머신은 크롬 브라우저에 최적화되어 있습니다. 브라우저는 크롬을 사용할 것을 권장합니다.

마이크로비트란?

이제 스크래치에서 블록을 쌓아 만든 결과물을 실체가 있는 장치, 즉 피지컬 컴퓨팅physical computing 도구와 연결하는 일만 남았네요. 피지컬 컴퓨팅 도구로는 아두이노, 라즈베리 파이 등 여러 가지가 있지만 그중에서도 쉽게 다룰 수 있는 마이크로비트micro:bit를 연결하려고 해요.

마이크로비트는 영국 BBC에서 만든 작은 컴퓨터입니다. 25개의 LED, 2개의 버튼, 가속도 센서, 온도 센서, 빛 센서, 자기 센서(나침반), 스피커와 마이

크뿐만 아니라 마이크로비트끼리 메시지를 주
고받을 수 있는 무선 라디오 기능까지 있어요.
블루투스 연결도 가능합니다. 우리는 간단하게
LED로 기분을 나타내 볼 거예요.

BBC 마이크로비트

 궁금해요! 어떤 마이크로비트를 구입하는 게 좋을까요?

마이크로비트는 공식 사이트(microbit.org/ko)를 통해 해외에서 구매할 수도 있고 또는
국내 인터넷 쇼핑몰에서 검색해도 쉽게 구매할 수 있습니다. 가장 최근에 출시한 마이크
로비트 V2는 터치 센서와 마이크, 스피커 등이 있어 더욱 다양한 기능을 구현할 수 있습
니다.

마이크로비트 V1.x(왼쪽), 마이크로비트 V2(오른쪽)

단, V2는 출시된 지 얼마 되지 않아 아직 코딩을 위한 블록이 잘 구성되어 있지 않습니다.
이 책에서는 마이크로비트의 여러 기능 중에서도 LED만 사용할 것이므로 V2 이전 버전
을 구매해도 아무 문제가 없습니다. V1.5에서 지원하는 기능 외에 더 다양한 기능을 사용
하고 싶다면 V2를 고려해 보세요.

머신러닝 모델과 마이크로비트 연결하기

1. 마이크로비트와 통신하려면 스크래치 링크와 micro:bit HEX라는 2가지 프로그램을 설치해야 합니다. 먼저 컴퓨터에 스크래치 링크를 설치하고 실행해야 해요. 스크래치 링크는 scratch.mit.edu/microbit에서 내려받을 수 있습니다.

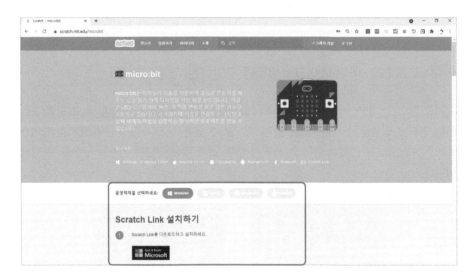

2. 스크래치 링크를 설치하고 실행하면 윈도우 작업 표시줄 또는 도구 모음에서 볼 수 있습니다.

작업 표시줄

도구 모음

3. 이제 micro:bit HEX를 설치하겠습니다. 다시 사이트로 돌아가 스크롤을 내린 다음 스크래치 [micro:bit HEX 파일]을 내려받고 이 파일을 5핀 USB 케이블로 연결한 마이크로비트로 옮겨 주세요. 이제 마이크로비트는 컴퓨터와 연결한 USB 케이블을 통해 전원을 공급받고 통신도 할 수 있습니다.

4. 이제 우리가 블록을 쌓았던 스크래치 페이지(stretch3.github.io)로 이동하겠습니다. 새롭게 등장한 마이크로비트와 연결해야 하니 새로운 확장 기능이 필요합니다. 화면 왼쪽 아래에 [🔳 확장 기능 추가하기]를 누르고 [micro:bit]를 찾아 클릭하세요.

마이크로비트의 버전과 관계없이
사용할 수 있는 확장 기능입니다.

5. 확장 기능을 고르면 기기를 찾고 연결해야 합니다. 컴퓨터가 내 마이크비트를 감지하면 [연결하기]를 클릭합니다. 마이크로비트와 연결되면 [편집기로 가기]를 클릭합니다.

6. 스크래치 화면으로 돌아오면 마이크로비트 그룹이 추가된 것을 볼 수 있어요.  블록을 클릭해 컴퓨터와 연결된 마이크로비트에 하트 모양으로 불이 들어오는지 확인해 보세요. 불이 들어왔다면 정상으로 연결된 것입니다.

궁금해요! 마이크로비트에 불이 들어오지 않아요!

만일 LED 블록(하트 모양으로 불빛이
나오게 하는 블록)을 실행했는데도 마이
크로비트에 불이 들어오지 않는다면 혹
시 블록 오른쪽 상단에 경고 아이콘이
뜨는지 확인해 보세요. 이 아이콘이 뜬
다면 마이크로비트가 연결되지 않은 것
이므로 다시 연결을 시도해 보세요.

7. 이제 [행복해요, 슬퍼요, 졸려요] 클래스에 마이크로비트 블록을 붙여
서 클래스가 실행될 때마다 적절한 모양으로 불이 들어오도록 하겠습니다.
를 클래스마다 맨 아래에 붙이고 항목을 다르게 설정하세요. 저는 행
복할 때는 웃는 얼굴을, 슬플 때는 찡그린 얼굴을, 그리고 졸릴 때는 Z 표시를
해주었어요.

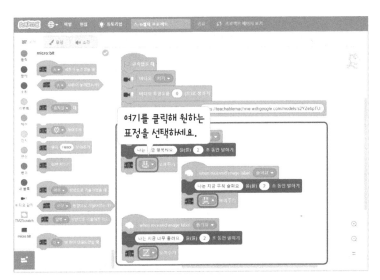

8. 이제 웹캠에 표정을 짓고 설정한 대로 마이크로비트에 불이 들어오는지 확인해 보세요.

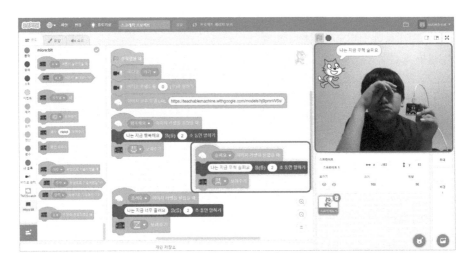

지금까지 우리는 티처블 머신으로 만든 모델을 스크래치 블록으로 표현한 다음 마이크로비트로 실체를 만들었어요. 이 과정을 거치면서 차츰 인공지능의 역할과 문제를 해결하는 방법 그리고 데이터의 중요성을 알게 되었습니다. 물론 실제 머신러닝을 만드는 과정에 비하면 무척 작은 부분에 불과합니다. 하지만 인공지능을 잘 안다는 것은 잘 활용한다는 것도 포함합니다. 이것만으로도 여러분은 인공지능과 한 걸음 더 가까워진 것입니다.

인공지능과
윤리

지금까지 인공지능이 우리 일상과 미래에 어떤 도움을 주는지 살펴보았어요. 그렇다면 인공지능은 그저 좋기만 할까요? 인공지능을 다루면서 주의해야 할 것은 없을까요? 이 장에서는 우리에게 도움을 주는 인공지능, 피해를 주는 인공지능 사례를 살펴보면서 앞으로 어떻게 인공지능과 함께 살아가야 할지 생각해 봅시다.

이 장의
목표

• 인공지능과 함께 살아가는 모습을 그려 볼 수 있어요.
• 올바른 인공지능과 잘못된 인공지능을 구분할 수 있어요.

단어장 딥페이크, 가짜 뉴스, 챗봇, 편견, 윤리, 아실로마 AI 원칙, 모럴 머신

06-1

착한 인공지능? 나쁜 인공지능?

누군가는 안전을 위해, 누군가는 시간을 효율적으로 쓰기 위해, 또 누군가는 남을 돕기 위해 인공지능을 연구하거나 사용합니다. 이처럼 저마다 목적은 다르지만 대부분은 사람이 일을 쉽게 할 수 있도록 돕는 도구, 즉 '문제 해결'을 위해 인공지능을 사용합니다.

그러나 인공지능 역시 사람이 만드는 것이기에 의도하든 의도하지 않든 선하지 않은 방향으로 흘러가기도 합니다. 그렇다면 올바른 인공지능은 무엇이고, 인공지능을 올바르게 사용한다는 것은 무엇일까요?

양날의 검, 딥페이크 기술

딥페이크^{deepfake}는 인공지능을 이용해 실존하는 인물의 얼굴이나 신체의 특정 부위 또는 음성을 합성하는 기술입니다. 영화에서 컴퓨터 그래픽으로 존재하지 않는 것을 만들어 내는 것과 비슷합니다. 딥페이크는 이 컴퓨터 그래픽 기술에 인공지능을 덧입혀서 더 정교하게 만든 것입니다.

2020년 12월 음악 전문 채널 엠넷Mnet은 〈다시 한번〉이라는 AI 음악 프로젝트를 진행했습니다. 이 무대에서 3인조 혼성 그룹 '거북이'의 리더였던 터틀맨이 마치 살아 있는 듯한 모습으로 멤버들과 함께 춤을 추었습니다. 터틀맨이 살아 있을 때 촬영한 사진과 영상 자료를 인공지능에 학습시켜 딥페이크 영상을 만든 거죠.

AI 음악 프로젝트 〈다시 한번〉(출처: 유튜브 채널 'Mnet Official')

터틀맨을 그리워하던 많은 사람이 환호했고 옛 추억을 떠올리며 행복한 시간을 보냈습니다. 터틀맨 외에도 고인이 된 가수 김광석, 신해철, 유재하, 김현식도 이와 비슷한 기술로 재현된 적이 있습니다. 이들의 팬들이 반가워했음은 말할 필요도 없고요. 만일 사랑하는 사람과 갑작스럽게 이별을 했다고 생각해 보세요. 함께 있을 때 잘해주지 못했던 것에 대한 미안함, 다시는 볼 수 없다는 슬픔이 무척 클 것입니다. 하지만 딥페이크 기술로 사랑하는 사람과 서서히 이별하며 스스로를 치유할 시간을 벌 수 있습니다.

2021년, 이스라엘의 가계도 플랫폼 개발 회사인 마이헤리티지는 딥 노스탤지어deep nostalgia라는 서비스를 공개했습니다. 인물 사진을 올리면 마치 그 인물이 살아 움직이는 것처럼 눈을 깜빡이거나 미소를 짓게 하죠. 이 서비스의 본래 의도는 가족이나 자신의 과거 사진을 올리는 것이었지만 한 우리나라 사용자가 유관순, 윤봉길, 안중근 등 독립운동가의 사진을 이용해 그들의 모습을 생생하게 구현하면서 폭발적 반응을 이끌어 내기도 했죠.

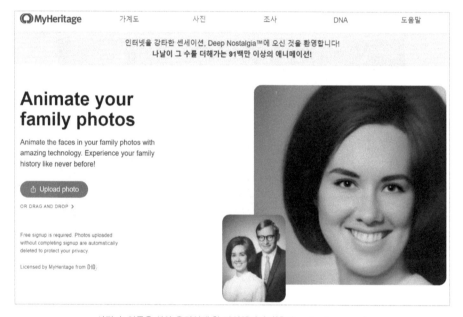

사진 속 인물을 살아 움직이게 한 마이헤리티지(출처: myheritage.com)

문제는 이런 기술을 악용하는 사람이 생겨난다는 데 있습니다. 대표적인 예가 바로 가짜 뉴스fake news입니다. 가짜 뉴스는 말 그대로 사실이 아닌 것을 사실인 것처럼 꾸민 뉴스로, 잘못된 정보를 전달하려는 목적이 숨어 있죠. 특히 SNS를 통해 뉴스의 확산 속도가 빨라진 지금은 가짜 뉴스의 힘이 더욱 커져서 많은 사람이 잘못된 정보를 사실로 받아들이기가 쉽습니다.

딥페이크는 어디까지나 기술에 불과하므로 누가 무슨 목적으로 어떻게 사용하느냐에 따라 완전히 다른 결과를 만들 수도 있습니다. 실제로 딥페이크가 미국을 충격에 휩싸이게 한 적도 있습니다. 유튜브에 올라온 한 영상에서 오바마 전 대통령이 "President Trump is a total and complete dipshit(트럼프 대통령은 정말 한심한 사람입니다)."라고 말했기 때문입니다. 이 영상이 공개되자 미국의 정치계와 국민은 물론 전 세계 언론이 발칵 뒤집혔죠.

하지만 이 영상은 가짜 동영상의 폐해를 알리기 위해 한 인터넷 매체와 영화 감독이 만든 가짜 뉴스였다고 밝혀졌죠. 이 영상이 공개된 당시 전 세계 언론이 진짜보다 진짜 같은 딥페이크 기술에 놀라워하기도 했지만 그만큼 우려 섞인 말도 많았습니다.

딥페이크 기술로 만든 오바마 전 대통령(왼쪽)과 조던 필 감독(오른쪽)
(출처: 유튜브 채널 BuzzFeedVideo)

이처럼 같은 기술도 이용하는 사람의 의도에 따라 우리에게 도움이 될 수도 있고 또는 범죄의 도구가 될 수도 있습니다. 나와는 먼 이야기 같겠지만 인공지능을 악용한 범죄는 누구에게나 향할 수 있습니다. 예를 들어 전화나 메시지로 개인 정보를 얻어 내 범죄에 이용하는 보이스 피싱에 인공지능을 이용한다면 어떻게 될까요?

목소리나 얼굴을 확인할 수 없는 문자 메시지만으로도 엄청난 피해가 발생하고 있는데, 인공지능으로 누군가의 목소리나 영상을 구현해 속인다면 피해는 더 커질 것입니다. 인간을 돕기 위해 개발된 인공지능이 오히려 우리를 번거롭게 만들거나 위험에 빠뜨리는 것입니다.

 5분 생각하기 딥페이크 기술이 우리를 어떻게 도울 수 있을까?

여러분이 딥페이크를 사용한다면 무엇을 만들고 싶나요? 왜 그것을 만들고 싶다고 생각했나요? 그것은 사람들에게 어떤 도움이 될까요? 또는 어떤 사람들에게 유용할까요?

친구일까? 범죄의 씨앗일까? 말벗 인공지능

최근에는 노인과 장애인을 돕는 인공지능 제품이 다양하게 출시되고 있습니다. 약을 먹을 시간을 알려 주거나 음성 명령만으로 TV를 켜주는 등 일상생활을 챙겨 주기도 하고 긴급 상황을 감지해 119 안전신고센터나 경찰서에 도움을 요청하기도 합니다. 사용자가 좋아할 만한 음악을 재생해서 즐거움도 주죠.

일본의 장난감 제조 회사인 다카라토미는 노인층을 고려해 인공지능 기술을 더한 귀여운 아이 인형을 만들었습니다. 노인들은 마치 손녀, 손자를 대하듯 인형과 대화하고 보살피며 외로움을 덜 수 있었습니다.

노인층을 위한 AI 인형(출처: 다카라토미 공식 홈페이지)

이 AI 인형은 사람이 하는 말을 학습하고 반응하도록 되어 있습니다. 부정적인 대화보다 긍정적인 대화를 할 수 있도록 이끌면서 말이죠. 그러나 이렇게 사람의 말을 학습하는 인공지능엔 어두운 면도 있습니다. 최근에 이 문제가 가장 잘 드러난 사례가 바로 인공지능 챗봇 '이루다'입니다

"안녕 👋
난 너의 첫 AI 친구 이루다야"

루다랑 친구하기 🎃

대화형 인공지능 챗봇 '이루다'(출처: luda.ai)

이루다는 '가수 블랙핑크를 좋아하고 일상을 사진과 글로 기록하는 취미를 가진 20살 여자'라는 꽤 친근한 콘셉트의 챗봇입니다. 사용자에게 먼저 말을 걸기도 하고 어투가 무척 자연스러워서 마치 실제로 존재하는 인물 같아 순식간에 75만 명에 가까운 사용자를 끌어 모았죠. 그러나 여러 논란이 불거져 출시된 지 한 달 만에 서비스를 중지하고 모든 데이터를 폐기했습니다.

이루다의 문제는 사용자의 비윤리적 발언과 개인 정보를 무분별하게 학습했을 뿐만 아니라 이렇게 학습한 것을 다른 사용자에게 유출했다는 것입니다. 즉, 근본적인 문제는 이루다가 아니라 개발자 윤리였습니다. 또,

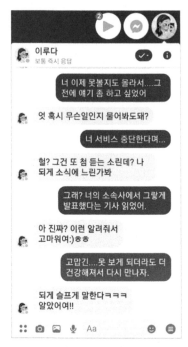

AI 챗봇 '이루다'와 나눈 대화

개발사는 자사의 다른 앱으로 수집한 사용자 데이터를 이루다를 학습시키는 데 사용하면서 정보 제공자에게 그 사실을 명확히 고지하지 않았을 뿐만 아니라 만 14세 미만 아동의 정보를 수집한 것도 문제가 되었습니다. 결국 개발자는 윤리적으로 신중하지 못했다는 비난을 피할 수 없었습니다.

인공지능이 스스로 학습하는 모습을 보면 무척 똑똑해 보이지만 사실 사람이 입력한 데이터를 학습하고 사람이 원하는 결과를 낼 뿐입니다. 즉, 사람이 악의적 의도로 인공지능을 이용할 수도 있고, 또 악의적 의도가 없더라도 사람의 편견을 학습해 누군가에게 상처를 주기도 하죠.

이루다 개발사는 이후 'AI 챗봇 윤리 준칙'을 수립하고, 이를 기반으로 서비스를 고도화하여 이루다 2.0 출시를 앞두고 있습니다. 비록 시행착오는 있었지만 개발자와 사용자, 그리고 제도는 조금씩 발전해 나갈 것입니다.

구글 인공지능 윤리 팀의 공동 팀장인 팀니트 게브루^{Timnit Gebru}는 "텍스트는 편파적이고 때로는 혐오스러운 언어를 포함하기 때문에 이를 개선하는 기능이 필요하다."라고 언급했습니다. 인공지능은 사람이 제공한 데이터를 학습할 뿐이므로 데이터에 스며든 인간의 편견이나 악의적 의도 등이 일으킬 수 있는 윤리 문제는 인간이 해결해야 한다는 것이죠.

 5분 생각하기 인공지능과 사람을 위한 울타리는 무엇일까?

인간이 인공지능을 발전시킨 이유는 편리함을 누리기 위함이지 위험에 빠지기 위해서가 아니라는 것은 모두가 공감할 것입니다. 그렇다면 인간의 편견된 학습해 나쁜 결과를 도출하거나 범죄에 이용된다고 해서 인공지능 개발을 막는 것이 옳을까요?

아기가 세상에 태어나 부모와 사회라는 울타리 안에서 보호와 규제를 받으며 성장할 시간이 필요한 것처럼 인공지능도 성장할 시간이 필요합니다. 알파고의 등장이 우리에게 인공지능의 발전 가능성에 대한 놀라움을 안겨 줬다면 이루다는 신뢰할 수 있는 인공지능이란 무엇인지 고민하게 했죠.

'이루다' 사례를 계기로 과학기술정보통신부는 이용자 보호를 가장 큰 원칙으로 삼고 이용자 교육, 사업자 컨설팅, 인공지능 윤리 규범 법제화 등 제도를 개선하기로 했습니다. 정부는 2025년까지 믿을 만한 인공지능 서비스를 구현할 수 있도록 단계적으로 '10대 실행 과제'를 추진하겠다고 했습니다.

이처럼 안전한 인공지능을 만들기 위해서는 먼저 인공지능 윤리부터 곰곰이 생각해 봐야 하고 끊임없이 개선하기 위해 노력해야 합니다. 그렇다면 여러분이 생각하는 인공지능과 인간을 위한 울타리, 즉 인공지능의 윤리는 무엇인가요?

06-2

바람직한 인공지능을 위한 노력

인공지능과 함께 살기 위한 규칙, 아실로마 AI 원칙

인공지능과 우리 삶이 가까워질수록 편리함도 커지지만 앞서 살펴본 가짜 뉴스, 개인 정보 유출과 같은 위협도 더욱 문제가 되고 있습니다. 또, 이런 위협은 개인을 향할 수도 있지만 국가나 특정 산업을 향할 만큼 범위가 커질 수도 있습니다. 2017년, 전 세계 과학, IT 분야 전문가가 인공지능 콘퍼런스에서 아실로마 AI 원칙Asilomar AI Principles을 발표했습니다. 인공지능이 가져올 가능성과 위협 그리고 인류에게 이롭게 사용하는 방안을 토론한 결과입니다.

아실로마 AI 원칙은 물리학자 스티븐 호킹Stephen Hawking, 테슬라 CEO 일론 머스크Elon Musk, 구글 딥마인드 창업자 데미스 허사비스Demis Hassabis 등 과학, 기술 분야의 권위 있는 인사들이 지지 서명을 남겨 더욱 공신력을 얻기도 했는데요. 이 원칙은 총 23개 항목에 3가지 범주(연구 이슈, 윤리와 가치, 장기 이슈)로 구성되어 있습니다. 아실로마 AI 원칙은 다음과 같습니다.

연구 이슈	윤리와 가치	장기 이슈
1. 연구 목표	6. 안전	19. 인공지능 능력에 관한 주의
2. 연구비 지원	7. 장애 투명성	20. 중요성
3. 과학과 정책 연결	8. 사법적 투명성	21. 위험
4. 연구 문화	9. 책임	22. 반복적 자기 개선
5. 경쟁 피하기	10. 가치관 정렬	23. 공동의 선
	11. 인간의 가치	
	12. 개인 정보 보호	
	13. 자유와 개인 정보	
	14. 공동 이익	
	15. 공동 번영	
	16. 인간의 통제력	
	17. 비파괴	
	18. 인공지능 무기 경쟁	

아실로마 AI 원칙(출처: futureoflife.org)

23가지 원칙 모두 중요하고 의미가 있지만 그중 1. 연구 목표는 '방향성이 없는 지능을 만드는 것이 아니라 인간에게 유용한 지능을 개발하는 것'이라고 정의했습니다. 즉, 인공지능은 단순히 '인간을 모방한 지능'이 아니라 '인간을 위해 개발하는 지능'이 되어야 한다는 뜻입니다.

4. 연구 문화와 5. 경쟁 피하기에는 인공지능 연구자와 개발자가 서로 신뢰하는 투명한 문화를 만들고 적극적으로 협력해야 한다는 내용을 담고 있습니다. 많은 사람이 인공지능에 대해 막연히 느끼는 불안함을 해소하기 위한 노력이라고 볼 수 있습니다.

인공지능과 인류의 안전은 무척 중요한 만큼 윤리와 가치라는 범주 안에 항목이 13개나 됩니다. 몇몇 내용은 앞서 '06-1 착한 인공지능? 나쁜 인공지능?'에서 살펴봤던 윤리와 관련이 있기도 합니다.

여기에는 치명적인 자동 무기를 개발하는 군비 경쟁은 피해야 한다는 원칙도 포함되어 있습니다. 바로 18. 인공지능 무기 경쟁 원칙인데요. 2018년 KAIST(한국과학기술원)에서 개발한 '방위산업 물류 시스템, 무인 항법, 지능형 항공 훈련을 위한 알고리즘'이 50여 명의 세계 각국 인공지능 및 로봇 공학 연구자로부터 보이콧 선언을 받기도 했죠. KAIST는 곧바로 대량 살상 무기, 공격 무기 등 인간 윤리에 위배되는 연구와 통제력이 결여된 자율 무기를 포함한 인간 존엄성에 어긋나는 연구 활동을 수행하지 않을 것이라는 성명을 발표했습니다.

이처럼 아실로마 AI 원칙은 인공지능의 안전한 발전과 활용을 위해 지속해서 관심을 기울이고 함께 노력하자는 것이 핵심입니다. 이러한 원칙에 따라 인공지능은 앞으로 수십 년 또는 수백 년 동안 사람을 돕고 힘을 실어 주는 역할을 할 것입니다.

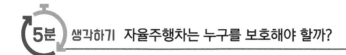

5분 생각하기 자율주행차는 누구를 보호해야 할까?

자율주행차에 성인 3명이 타고 있습니다. 그 앞 횡단보도에는 아이 3명이 신호를 받고 길을 건너고 있습니다. 이때 자율주행차의 브레이크가 고장이 납니다. 이대로 직진하면 3명의 보행자가 사망하고 방향을 틀어서 콘크리트 장벽과 충돌하면 탑승자가 모두 사망할 것입니다. 여러분이 개발자라면 자율주행차가 어떤 선택을 하게 만들 것인가요?

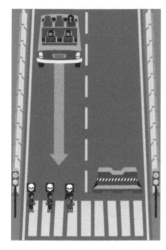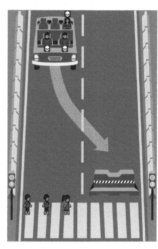

자율주행차는 탑승자와 보행자 중 누구를 보호해야 할까?

이 문제는 자율주행차와 같은 인공지능의 윤리적 결정에 대한 사회적 인식을 수집하는 플랫폼인 모럴 머신moralmachine.net에서 제안한 것입니다.

모럴 머신은 총 13가지 상황을 제안하는데요. 상황마다 자율주행차가 탑승자를 살릴지, 보행자를 살릴지를 선택하게 합니다. 모두를 다 살릴 방법은 없습니다. 둘 중 하나를 반드시 선택해야 합니다. 모럴 머신은 운전자와 보행자의 직업, 나이, 성별, 인원수 등을 달리하며 도덕적 딜레마에 빠지게 합니다.

여러분도 모럴 머신에서 제안하는 13가지 상황을 살펴보고 답을 찾아보세요. 그리고 자신이 그렇게 판단한 근거를 생각해 보세요. 다른 사람은 어떤 결정을 내렸는지 확인해 볼 수도 있습니다.

기초 프로그래밍을 정식으로 배우고 싶다면?

Do it!
자바 완전 정복

국내 최다 도해 & 그림
1년치 영상 강의까지!
자바 입문서 끝판왕 등장!

난이도 ●○○○○
김동형 지음 | 30,000원

Do it!
C 언어 입문

실무 20년, 현업 프로그래머가
초보자를 위해 엮었다!

120개 예제와 270개 그림으로 배우는
C 프로그래밍 기본!

난이도 ●○○○○
김성엽 지음 | 25,000원

교수님도, 컴퓨터공학과 학생도, 보통 사람도 놀란

왕초보 맞춤 코딩 입문서

정동균 지음 | 276쪽 | 14,000원

꼭 알아야 할 52가지 프로그래밍 개념!

국내 최초 '문과식' 코딩 입문서!
전공자도 "이 책으로 공부할걸"
후회했다!

99가지 비유와 그림으로 배우니 쉽다!

초등 고학년부터 대학생, 어르신까지!
"와! 나도 블록 코딩이 아니라
텍스트 코딩을 할 수 있어!"

컴.알.못도 걱정 말아요~

1분 만에 복잡한 설치 없이
코딩 준비 끝!
무료 동영상까지 있어요~

누적 판매 13만 부! '웹 표준의 정석' 최신간!

HTML CSS 자바스크립트
한 권으로 끝내자!

Do it!

세상의 속도를
따라잡고 싶다면

전면 개정판
웹 분야 1위!

한 권으로 끝내는 웹 기본 교과서

HTML + CSS
자바스크립트
웹 표준의 정석

코딩 왕초보도 OK! 최신 웹 표준부터 반응형 웹까지!

고경희 지음

▶ 저자 직강 동영상 무료 제공
🖥 〈넷플릭스 사이트 따라 만들기〉 PDF 책 제공
📖 '웹 치트 시트' 수록

이지스 퍼블리싱

동영상 강의
무료 제공

PDF 책
제공

웹 치트 시트
수록